T0194508

essentials

essentials liefern aktuelles Wissen in konzentrierter Form. Die Essenz dessen, worauf es als „State-of-the-Art" in der gegenwärtigen Fachdiskussion oder in der Praxis ankommt. *essentials* informieren schnell, unkompliziert und verständlich

- als Einführung in ein aktuelles Thema aus Ihrem Fachgebiet
- als Einstieg in ein für Sie noch unbekanntes Themenfeld
- als Einblick, um zum Thema mitreden zu können

Die Bücher in elektronischer und gedruckter Form bringen das Expertenwissen von Springer-Fachautoren kompakt zur Darstellung. Sie sind besonders für die Nutzung als eBook auf Tablet-PCs, eBook-Readern und Smartphones geeignet. *essentials:* Wissensbausteine aus den Wirtschafts-, Sozial- und Geisteswissenschaften, aus Technik und Naturwissenschaften sowie aus Medizin, Psychologie und Gesundheitsberufen. Von renommierten Autoren aller Springer-Verlagsmarken.

Weitere Bände in der Reihe http://www.springer.com/series/13088

Wolf Rainer Wendt

Kurze Geschichte der Sozialen Arbeit

 Springer VS

Wolf Rainer Wendt
DHBW Stuttgart
Stuttgart, Deutschland

ISSN 2197-6708   ISSN 2197-6716 (electronic)
essentials
ISBN 978-3-658-30352-5   ISBN 978-3-658-30353-2 (eBook)
https://doi.org/10.1007/978-3-658-30353-2

Die Deutsche Nationalbibliothek verzeichnet diese Publikation in der Deutschen Nationalbibliografie; detaillierte bibliografische Daten sind im Internet über http://dnb.d-nb.de abrufbar.

Planung/Lektorat: Stefanie Laux
Springer VS ist ein Imprint der eingetragenen Gesellschaft Springer Fachmedien Wiesbaden GmbH und ist ein Teil von Springer Nature.
Die Anschrift der Gesellschaft ist: Abraham-Lincoln-Str. 46, 65189 Wiesbaden, Germany

Was Sie in diesem *essential* finden können

Einen in zeitliche Abschnitte gegliederten Überblick zur Geschichte sozialer Betätigung auf ihren Wegen zur Profession in knapper Beschreibung der Verläufe in Praxis und Theorie und im Wandel von Aufgaben, die der Sozialen Arbeit gesellschaftlich gestellt wurden und werden.

Vorwort

Die Identität Sozialer Arbeit basiert auf ihrer Geschichte. Die vorliegende Abhandlung bietet Studierenden der Sozialen Arbeit und anderen an der Entfaltung des Sozialen und an der historischen Verortung der sozialberuflichen Tätigkeit interessierten Lesern eine Übersicht. Die Ausführungen sind kurz und knapp gehalten; für eine detaillierte Darstellung ist die zweibändige „Geschichte der Sozialen Arbeit" des Autors (Band 1: Die Gesellschaft vor der sozialen Frage 1750–1900, Band 2: Die Profession im Wandel ihrer Verhältnisse) vorhanden. Hinweise zur Literatur werden im vorliegenden Text nur gegeben, insoweit es sich um Titel handelt, die in der letzten Auflage der beiden Bände noch nicht genannt sind. Dort werden nähere Erläuterungen zu den einzelnen Abschnitten des historischen Verlaufs gegeben, für die in der Kurzfassung hier kein Platz ist.

Vorweg sei auch festgehalten, dass der Horizont der Historie Sozialer Arbeit nicht auf das deutschsprachige Gebiet beschränkt wird, wie das in einschlägigen Texten zumeist geschieht. Überdies fehlt der sozialpädagogische Standpunkt, von dem aus viele akademische Vertreter des Fachgebiets hierzulande seine Geschichte betrachten. Mit dem Sinn eines in der Gesellschaft nötigen Reformwerks, eines *work in progress,* nahm Soziale Arbeit, *social work,* ihren Anfang in mehreren Ländern. Internationaler Austausch hat ihm an vielen Orten eine analoge Form gegeben. Gesellschaftliche Entwicklungen sind der Bezugsrahmen, in dem Probleme auf verschiedenen Aktionsebenen bearbeitet werden.

Social work übergreift eine vielfältige Praxis, die in ihren Diensten und mit ihren Leistungen unterschiedlich ausgelegt wird – in der Kinder- und Jugendhilfe anders als bei Gemeinwesenarbeit im Stadtteil, bei Hilfen in besonderen Lebenslagen, im Krankenhaussozialdienst, in der Flüchtlingshilfe oder in der

Schuldnerberatung. Die Arbeitsfelder haben ihre je eigene Geschichte. Von ihnen wird in einem integrierenden Verständnis abgesehen, um auf die gesellschaftlichen Verhältnisse und Aktionen zu blicken, in denen auch die jeweiligen Aufgaben des Helfens, der Förderung und Unterstützung wahrgenommen wurden und werden, die zur Sozialen Arbeit rechnen.

Wolf Rainer Wendt

Inhaltsverzeichnis

Über den Autor

Wolf Rainer Wendt, Prof. Dr. phil., Duale Hochschule BW Stuttgart, Fak. Sozialwesen. E-Mail: prof.dr.wendt@gmail.com

Einleitung

Helfen, um andere Menschen sich kümmern und wohltätig sein, bedeutet noch nicht, Soziale Arbeit zu leisten. Mit ihr ist ein gesellschaftlicher Anspruch verbunden. Mit seinem Zustandekommen erst kann der Arbeit zugeschrieben werden, *sozial* zu sein. In moderner Gesellschaft wird etwas sozial unternommen, was dann später als *Soziale Arbeit* hervortritt. Vom Sozialen als gesellschaftlichem Geschehen wird in Europa seit 250 Jahren gesprochen, von Sozialer Arbeit als einer professionellen Funktion in ihm seit der Hälfte dieser Zeit. Die Entwicklung des Sozialen ab dem 18. Jahrhundert hat die Arbeit an ihm ausgeprägt und diese Arbeit bleibt in der Gesellschaft mit ihrer Problematik aufgehoben. Grund genug, eine Geschichte der Sozialen Arbeit des näheren mit einer Historie vom Sozialen im weiteren Sinne der Befassung der Gesellschaft mit sich selbst und ihren Zuständen zu verbinden.

Die Tatbestände, um die es konkret bei der Rede vom Sozialen geht, hat es schon vor seinem expliziten Auftritt gegeben. Sie können unabhängig von seinem modernen Sinn anthropologisch studiert werden. Auch das Betätigungsfeld der Profession Soziale Arbeit kommt in seinen Gegebenheiten nicht dadurch zustande, dass es den Beruf gibt und er sich Beschäftigung sucht. Mitmenschliches Helfen und Sorgen verlangt als solches nicht nach Profession. In einer Geschichte des Helfens stünde sie nicht im Mittelpunkt und wo im human- und sozialberuflichen Betätigungsfeld eine spezielle Basis des Wissens und Könnens nötig ist, sind in unseren Tagen viele Berufe zur Stelle: Therapeuten, Berater, Pfleger, Pädagogen, Trainer, Animateure usw. Tatsächlich übernehmen sie vielfach Aufgaben, welche die berufliche Soziale Arbeit sich zurechnet, und sie ihrerseits wird therapeutisch, beratend, pflegend, erzieherisch und übend tätig. Insgesamt wird die Berufsarbeit in ihrer Breite *sozial* angefordert und gebraucht.

Sie hieß lange Wohltätigkeit, in organisierter Form *scientific charity,* dann Wohlfahrtspflege, auch Fürsorge, von einer Seite her Sozialpädagogik, anderweitig verankert *(social) care work.* Ihre Auffassung in der Gesellschaft und ihr Selbstverständnis ist dem Wandel unterworfen. In diskursiver Auseinandersetzung über ihren Charakter und mit ihren Konzepten hat Soziale Arbeit, eingebettet in gesellschaftliches Geschehen, ihre Geschichte. Wohltätigkeit und professionelles Handeln sind im Zuge ihrer Ausprägung ideologischen, methodischen und organisatorischen Vorgaben gefolgt, als da sind: Bezugnahmen auf die „soziale Frage", Fundierungen von karitativem Einsatz und weiblichem Beruf, die Gliederung von Einzel(fall)hilfe, Gruppenarbeit und Gemeinwesenarbeit, Unterscheidungen von Sozialarbeit und Sozialpädagogik usw. Diesen Differenzierungen ist nicht zuletzt deshalb nachzugehen, weil sie in der Reflexion, was Soziale Arbeit ausmacht, gegenwärtig sind.

Was heißt hier *sozial?*

2

Der soziale Charakter der Arbeit, die zur Debatte steht, ist nicht naturgegeben. Der Tatbestand des *Sozialen* selbst muss erst einmal konstituiert sein, um Tätigkeiten daran zu binden. Bezeichnet wird mit dem Wort *sozial* die Art und Weise, wie Menschen verbunden sind und in welchem Geschehen ihr Verbundensein sich ausdrückt. Das Soziale tritt auf und geschieht; es hat einen performativen Charakter. Generell wird von *Gesellschaft* gesprochen. In ihr finden sich Akteure zusammen, selbstständige Subjekte, die einander ihr Subjektsein zugestehen. Sie veranstalten Gesellschaft. Sie sind in dieser Beziehung *sozial.* Das muss nicht mehr heißen als dass sie koexistieren und, wenn es gut geht, kooperieren. Ausgeschöpft ist damit das Bedeutungspotenzial des Terminus in seiner Verwendung natürlich nicht.

Zum Adjektiv *sozial* heißt es im Grimmschen Wörterbuch (älterer Fassung): *„was die menschliche gesellschaft, das zusammenleben der menschen und seine staatlich – rechtliche ordnung wie die wirtschaftlichen verhältnisse betrifft".* In diese Aussage ist bereits eine Menge an historisch entwickelter Bedeutsamkeit eingetragen. Seit der Zeit der Aufklärung gibt es die Überzeugung, an der Gestaltung des Zusammenlebens und seinen Verhältnissen arbeiten zu können. Der Geltungsanspruch Sozialer Arbeit lässt sich daran binden. In ihr beschäftigt sich die Gesellschaft in besonderer Weise mit ihren Zuständen. Das geschieht auch ohne berufliche Arbeit. Die Zustände bewegen die Gemüter. Sie werden kritisiert. In ihren problematischen Einzelheiten, in denen die Zustände die Menschen betreffen, hat die Gesellschaft mit sich zu tun.

In diesem Geschehen ist das Soziale in einem weiten Sinne gegeben. Anders das spezifische soziale Aufgabengebiet und seine professionelle Bearbeitung: es hat sich und sie hat sich als *das Soziale* in einem engeren Sinne in jenem

Geschehen ausdifferenziert und kommt nun als ein funktional-instrumenteller Bereich im Handlungssystem der Gesellschaft vor.

Vor weiteren Ausführungen sei festgehalten: unpersönlich heißt etwas „sozial" in Ableitung von Gesellschaft, ist somit gleichbedeutend mit „gesellschaftlich". Indes fand historisch – im 19. Jahrhundert – eine Unterscheidung von „sozial" und „gesellschaftlich" statt (die später im Englischen mit der Neubildung „societal" gegenüber „social" im gewöhnlichen Gebrauch nachvollzogen wurde). Dem sozialen Handeln in Zuwendung zu anderen Menschen und zugunsten einer Gemeinschaft bleibt aber der gesellschaftliche Rahmen, in dem es Begründung finden und reflektiert werden kann. In diesem Rahmen heißt zur Gegenstands- bestimmung der sozialen Profession die spezifische Aktivität von Menschen gegenüber anderen Menschen *sozial* (vgl. Scheu und Autrata 2018, S. 281). In ihrer beruflichen Ausübung erhält sich die gesellschaftliche Überformung im Auf- trag und in der Reglementierung der Arbeit.

Professionelle Soziale Arbeit entgeht der Kontroverse nicht, von Anfang an einerseits gesellschaftsbezogen kritisch auftreten und Veränderung bewirken zu wollen und andererseits dienstlich in der Gesellschaft personenbezogen funktionieren zu sollen und den Menschen zu helfen, die als Subjekte in ihrer Gesellschaft im Nachteil, behindert und in Not sind. Auf deren Interessen muss sich die Berufstätigkeit um ihrer Eigenständigkeit willen verstehen. Es gilt, das berufliche Selbstverständnis „an der historisch-empirischen Tatsache zu orientieren, dass und wie die Gesellschaft auf das Soziale im Allgemeinen und die Soziale Arbeit im Besonderen *angewiesen* ist" (Böhnisch 2018, S. 11). Die Unterscheidung des Sozialen von der gemeinten Arbeit verweist auf eine ihre Geschichte durchziehende Dialektik.

An seiner historischen Entwicklung ist zu entdecken, dass das Soziale *als gesellschaftlicher Prozess* das Soziale als ein *auf bestimmte Tatbestände gerichtetes Handeln* rahmt und es ständig determiniert. Wobei zur Veranlagung dieses Handelns in seiner zivilen und professionellen Ausprägung gehört, auf die Gesellschaft zurückwirken und auf ihre Zustände einwirken zu wollen. Es soll Menschen besser gehen; ihre Lage wird als ein gesellschaftliches Verhältnis auf- gefasst. *Sozial* ist die Arbeit nicht durch die eine oder andere Befähigung, mit der sie personenbezogen erfolgt; der Grund für die Kennzeichnung ihres Wesens liegt jenseits zufälliger Praxis im gesellschaftlichen Geschehen vor: es soll in ihm *sozial* zugehen. Aber was bedeutet das konkret und woher rührt das?

Vormodern blieben Probleme, die heute professionell bearbeitet werden, der unmittelbaren Lebensgemeinschaft überlassen. Sie traten nicht gesondert als soziale Angelegenheit hervor und mussten nicht extra institutionell oder beruflich behandelt werden. Das Dasein der Menschen und ihre Absicherung war dem engeren Hauswesen und dem weiteren Gemeinwesen zugeordnet. Alle Lebenstätigkeiten gehörten zunächst zur Ökonomie von „Haus und Hof" (griech. *oikos*). Eine freie Befassung mit Angelegenheiten über den eigenen Bereich hinaus stand dem Vorsteher eines Haushalts im öffentlichen Raum einer Stadt oder eines territorialen Gemeinwesens (griech. *polis*) zu. Darin fand der Bürger (griech. *polites*) eine politische Ordnung *(politeia)* vor, der sich die Menschen gewöhnlich beugten.

Sie teilten die Ordnung, waren „gemein" und in ihrer Abhängigkeit nicht auf eine eigenständige Weise „sozial". Zu den Geboten der Lebensgestaltung gehörten im Mittelalter die christliche Nächstenliebe und Almosenvorschriften. Milde Gaben lohnte der Glaube. Kommunale Abgaben rechneten zur Wirtschaftsweise der häuslichen Gemeinschaft. Wenn sie in einen „gemeinen Kasten" kamen, konnte dem armen Angehörigen einer Kommune damit geholfen werden. Im übrigen blieb ihnen mit Betteln, Mundraub, Taglöhnerei, Prostitution nur eine „Ökonomie des Notbehelfs" (Hufton 1974) als Überlebensstrategie. Die Zuständigkeit der Kommunen für die Armen war musterhaft im englischen *Act for the Relief of the Poor* (1601) festgeschrieben.

In der Moderne folgte ein gesellschaftliches Interesse und die Verselbstständigung des Sozialen der Ausdifferenzierung der Ökonomie aus den Haushalten in Stadt und Land. Wirtschaften löste sich mit dem Warenverkehr und der Kapitalakkumulation aus dem häuslichen Lebenszusammenhang. Wirtschaftende Akteure bewegten sich nun frei im Markt des Warentauschs. Der Dynamik von

Handel und Gewerbe gegenüber etablierte sich eine Staatsmacht mit Zuständigkeit für alle Angelegenheiten des Gemeinwesens, mithin auch für Notlagen der Bevölkerung. Es gab ab dem 17. Jahrhundert die „Armenpolizei" und für aus der Ordnung fallende Menschen wurden Zucht- und Arbeitshäuser, in Frankreich die *hôpitaux généraux,* eingerichtet. Von der *Armenzucht* durch Arbeit reichte das Regime der Disziplinierung bald bis zu den „Industrieschulen" für arme Kinder. „Sozial" konnte das alles nicht heißen.

Gemeinnützig in Gesellschaft

4

1750–1790

Soziales ergibt und versteht sich aus der *gesellschaftlichen* Existenz des Menschen. „In Gesellschaft sein" ist ein anderer Zustand, als ihn die Zugehörigkeit zu einem politischen Gemeinwesen und als ihn die Angehörigkeit in einem Hauswesen beschreibt. Gesellschaft tritt ein „zwischen die Familie und den Staat" (Hegel, Rechtsphilosophie § 182 – mit dem Zusatz: „Die Schöpfung der bürgerlichen Gesellschaft gehört übrigens der modernen Welt an").

„In Gesellschaft" halten sich Individuen offen, was ihnen gemeinsam ist (z. B. eine Meinung als *public opinion*). Sie folgen ihrem Interesse, das sie als geschäftstüchtige Bürger an Tüchtigkeit, gewerbliche Neuerungen, Bildung und Aufklärung haben. Mit all dem wird dem Gemeinwohl gedient. Wie sich in Orientierung auf das gemeine Wohl, das individuelle in eigenen Geschäften eingeschlossen, die Welt vernünftig gestalten lässt, wird gesellschaftlich unter Bürgern als selbstständigen Einzelnen frei ausgehandelt.

4.1 Die Soziabilität der Bürger

Im aufgeklärten 18. Jahrhundert finden sich ab etwa 1730 in Städten und Ländern Europas die Bürger in einer Menge *Gesellschaften* zusammen, die als ökonomische, gemeinnützige, gelehrte und patriotische Sozietäten auftreten, auch in Form von Clubs und Salons und nicht zuletzt als Geheimgesellschaften wie der Freimaurerei „als gesellschaftlicher Katalysator" (Reinalter 2018, S. 11). Sie bieten Gelegenheit zur freien Kommunikation, Information und Meinungsbildung, zur Artikulation von Interessen, zur Verbreitung von Neuerungen und nicht zuletzt auch zur Förderung und Unterstützung von armen Mitbürgern.

W. R. Wendt, *Kurze Geschichte der Sozialen Arbeit*, essentials, https://doi.org/10.1007/978-3-658-30353-2_4

An die private Geschäftstüchtigkeit der Bürger schließt sich ihr gesellschaftlicher Umgang in Befassung mit Gemeinsamem an; sie sind „soziabel". Die Encyclopédie der französischen Aufklärer notiert 1765 zum Stichwort Soziabilität: „l'homme sociable est le vrai citoyen". Lexikalisch erscheint hier auch das Wort „sozial" erstmals. Als Adjektiv ist es ein „mot nouvellement introduit dans la langue, pour désigner les qualités qui rendent un homme utile dans la société, propre au commerce des hommes: des vertus *sociales*".

Sozial zu sein, charakterisiert an diesem Ausgangspunkt einen Menschen mit einer spezifischen Tüchtigkeit in seiner Interaktion mit anderen Menschen. Für Rousseau war das Menschsein von Natur aus ein verbundenes – in einer „société générale du genre humain", wie er in einem ersten Entwurf zum „Contrat social" formulierte, um danach zu finden, dass im vormaligen Naturzustand eine wirkliche Vereinigung von Individuen und somit eine konkrete „Gesellschaft" fehlte (vgl. Marcos 1996). Gesellschaftlichkeit ist etwas anderes als Zwischenmenschlichkeit. Die gesellschaftliche Beziehung ist objektiver Natur: Ein Individuum findet sich in seinen Geschäften und mit seinen Tugenden in ein Verhältnis zu einer Menge anderer Individuen gestellt, die mit ihm Geschäfte und Tugenden, jedenfalls den Anspruch darauf, teilen. Wie sie es tun, bleibt ihre Sache. In Gesellschaft kann darüber geurteilt werden – und in vielerlei Gesellschaft auch vielfältig und andauernd. Mit dem gesellschaftlichen Austausch kommt die bürgerliche *Öffentlichkeit* zustande, die als eine Sphäre, welche die Bürger und ihre Gesellschaften übergreift, allen zugänglich ist.

4.2   Gemeinnützige Zwecke der Gesellschaften

Die Assoziationen der Bürger zwischen 1730 und 1790 verfolgen ökonomische und aufklärerische Zwecke und verstehen sich als patriotische und gemeinnützige Gesellschaften. Jeder, der in öffentlichen Angelegenheiten in Stadt und Land mitreden wollte, war Mitglied in mindestens einer Gesellschaft. Die Freimaurer als Geheimgesellschaft schafften zusätzlich Verbindung über die Grenzen der Stände hinweg.

Die Kommunikation „in Gesellschaft" lässt einen eigenen Horizont dessen entstehen, was den an ihr Beteiligten zu behandeln wert ist. Die gemeinsame Selbstverständigung von Bürgern über ihre Angelegenheiten außerhalb privaten Haushalts steht am Anfang der Ausbildung des gesellschaftlichen Tätigkeitsbereiches. Er greift nach und nach auch auf die Belange aus, die später explizit „sozial" heißen – was nämlich mildtätig und karitativ unternommen werden kann. Mitmenschlich aktiv zu sein, bezog sich zunächst insbesondere auf die Förderung von Bildung in der Bevölkerung, von Tugendhaftigkeit und von Gewerbefleiß („Industriosität"). Sie voranzubringen erschien den Bürgern ökonomisch und politisch vernünftig.

Soziabilität in Teilnahme an Gesellschaft bedeutete auch die Wahrnehmung und Pflege von Verbundenheit, Sympathie, eine moralische Einstimmung auf das Wohlergehen anderer Menschen. So heißt es 1766 in den Statuten der Helvetischen Gesellschaft (vgl. Im Hof 1996):

> „Die Gesellschaft soll zum einzigen Zweck und Gegenstand haben, Freundschaft und Liebe, Verbindung und Eintracht unter den Eidgenossen zu stiften und zu erhalten, die Triebe zu schönen, guten und edeln Thaten auszubreiten, und Friede, Freyheit und Tugend durch die Freunde des Vaterlands und künftige Alter und Zeiten fortzupflanzen."

Moralische und handfeste ökonomische Motive durchdringen einander in Vereinigungen, die ihren Zweck von ihrer Gründung an bis heute verfolgen. So seit 1777 die „Gesellschaft zur Beförderung und Aufmunterung des Guten und Gemeinnützigen in Basel", seit 1784 die holländische „Maatschappij tot Nut van 't Algemeen" in Amsterdam und seit 1765 die „Hamburgische Gesellschaft zur Beförderung der Künste und nützlichen Gewerbe", kurz: die „Patriotische Gesellschaft".

In Hamburg konnte sich das Engagement der Bürgerschaft deshalb besonders gut entfalten, weil sie in der freien Stadt identisch war mit der politisch bestimmenden Bevölkerungsschicht. Sie gab sich ihre Ordnung selbst. Unter den Aktivitäten der *Hamburgischen Patriotischen Gesellschaft* ragt die Reform des Armenwesens hervor, die 1788 zur Organisation der *Hamburgischen Armenanstalt* führte. Mit ihr erfolgte erstmalig eine *Individualisierung* der Armenpflege derart, dass ehrenamtlich eingesetzte begüterte Bürger sich in den Wohnquartieren persönlich um arme Familien zu kümmern, darüber zu berichten und die Wirkung von gewährten Hilfen zu kontrollieren hatten. *In Gesellschaft wird eine personenbezogene Arbeit an Lebensverhältnissen begonnen.* Das Verfahren war einige Jahre lang sehr erfolgreich und wurde bald in anderen Städten Europas nachgeahmt. Mit ihm ist ein Muster für die personenbezogene Armenpflege in der zweiten Hälfte des 19. Jahrhunderts und nachfolgend für die berufliche Soziale Arbeit vorgebildet.

Zu den gemeinnützigen Gesellschaften der Bürger kommen bald Selbsthilfevereinigungen in der arbeitenden Bevölkerung: In England entstehen in großer Zahl *friendly societies* von Handwerkern und Arbeitern zu ihrer Versicherung im Krankheits- oder Todesfall. Analoge Vereinigungen bilden sich als Gegenseitigkeitsgesellschaften *(mutuelles)* in Frankreich und formen dort das Versicherungswesen. Es sind die Anfänge einer versorgungsbezogenen Sozialwirtschaft.

4.3   Die Nation vereinnahmt Staat und Gesellschaft

Die Französische Revolution setzte den Staat und den sozialen Körper der *Nation* ineins. Diese Identifizierung ließ für eine Pluralität des Sozialen keinen Platz. Deshalb verbot das Gesetz *Le Chapelier* 1791 alle intermediären Vereinigungen der Bürger im Staat. Das *corps politique* und das *corps social* sollten eins sein. Die zuvor bestehenden Gesellschaften hatten der einen Gesellschaft in Nation und Staat zu weichen. Indes war die Identität von Staat und Gesellschaft eine Illusion ebenso wie die Dreieinigkeit von Freiheit, Gleichheit und Brüderlichkeit. Nach der Revolution werden Zweckvereinigungen wieder erlaubt – nun rechtlich geregelt (das Muster in Deutschland ist der „eingetragene Verein").

Was seither unter *Gesellschaft* begriffen wird, ist offen. Sie stellt für alle Akteure eine „imaginäre Institution" dar (Castoriadis 1984). Sie ist nicht zu fassen; was ihr real eigen ist, kann nicht abschließend festgestellt werden. Nach der Revolution haben Vereinigungen beliebige Zwecke; selbst wenn sie als gemeinnützig gelten, besteht der Anspruch nicht, das Gemeinwohl zu formen. Sie existieren in einem nun dreidimensionalen Aktionsraum, in dem

- auf der Makroebene der Staat für die *Politik* der Gesellschaft zuständig ist,
- auf der Mesoebene des intermediären Geschehens sich *Organisationen* finden, die es betreiben,
- auf der Mikroebene *Verhalten* in individuellen Beziehungen gepflegt und sozial gehandelt wird.

Eine Verbindung staatlichen und mitbürgerlichen Einsatzes speziell zur Bewältigung von Not wurde schon nach den Revolutionsjahren verlangt, z. B. 1815 von J. D. Lawätz, der „die Sorge des Staats für Hülfsbedürftige zur National-Angelegenheit gemacht" sehen wollte – bei freiwilliger Beteiligung der Bürger, öffentlicher Revision und Publizität und Ordnung durch ein Amt für Wohltätigkeit (Lawätz 1815, S. 302 f.). Überindividuelle soziale Aktion schließt alle Ebenen ein; sie setzt von nun an *Organisation* voraus, will gesellschaftlich diskutiert und politisch gesteuert werden.

Antworten auf die soziale Frage

5

1800–1850

Die Revolutionslosungen Freiheit, Gleichheit, Brüderlichkeit, die „Erklärung der Rechte des Menschen und des Bürgers" 1789 und die von daher begründete Forderung nach ausgleichender Gerechtigkeit motivierten zur Beschäftigung mit den bedrohlich ungleichen und unfreien Verhältnissen, in denen eine großer Teil der Bevölkerung lebte. Die nachgerade in England verbreitete Verarmung (Pauperisierung) war der raschen Entwicklung des Fabrikwesens und der Intensivierung der Landwirtschaft geschuldet. Ein erster Versuch einer materiellen Absicherung der Armen erfolgte in England 1795 mit dem *speenhamland system.* Es stellte eine Grundsicherung per Lohnzuschüsse dar: Wer für das Lebensnotwendige zu wenig verdiente, erhielt eine genau berechnete Beihilfe. Die Regelung hatte negative Folgen für den Arbeitsmarkt und verminderte die Zahl der „arbeitenden Armen" nicht, im Gegenteil: sie wuchs mit der Unterstützung (wie Thomas Malthus mit seinem Befund kritisierte, die Armenunterstützung sei die Ursache der Armut).

Aus der Suche nach Antworten auf die *soziale Frage,* wie die verbreitete Not und das unübersehbare Elend in der nun kapitalistischen Gesellschaft bewältigt und eine gerechte Ordnung erreicht werden kann, erwuchsen viele Vorhaben und Unternehmungen in Theorie und Praxis, die sich auf mehrere Stränge von sozialen Bewegungen in den ersten Jahrzehnten des 19. Jahrhunderts verteilten. Sie lassen sich grob drei Richtungen (Parteiungen) zuordnen: der *sozialistischen,* der *konservativen* und der *liberalen* Strömung. Mit den ihnen verbundenen Auffassungen und Doktrinen bilden sie fortan einen ideologischen Bezugsrahmen für soziales Handeln. Die den drei Richtungen entsprechenden politischen *Parteien* als wählbare Organisationen mit eingeschriebenen Mitgliedern und einem Programm entstanden in der Folge im 19. Jahrhundert.

W. R. Wendt, *Kurze Geschichte der Sozialen Arbeit*, essentials, https://doi.org/10.1007/978-3-658-30353-2_5

5.1   Sozialismus in Kooperation

Rückblickend sind es die „Frühsozialisten", die mit ihren Vorstellungen von Gemeineigentum, Vereinigung der Arbeitenden und bedarfsgerechtem Wirtschaften Ausbeutung und Armut überwinden wollten. Die Protagonisten waren Henry de Saint-Simon (1760–1825), Charles Fourier (1772–1837) und Robert Owen (1771–1858). Saint-Simon sah die bewegene, produktive Kraft in der Gesellschaft bei den „Industriellen" (Werktätigen), die denn auch regieren sollten („Diktatur des Proletariats" hieß das später bei den Kommunisten). Fourier suchte gesellschaftliche Harmonie im Zusammenspiel menschlicher Passionen und äußerer Attraktionen, etwa in der Anziehung der Geschlechter (Fourier wird als Vorreiter des Feminismus geschätzt). Robert Owen zeigte in seinem Musterbetrieb (New Lanark Mills), wie sich ohne Ausbeutung erfolgreich wirtschaften lässt. Er schlug „villages of unity and cooperation" vor, führte die englischen Gewerkvereine in eine große Gewerkschaft zusammen und wirkte für eine Wirtschaftsweise in Selbstverwaltung und Kooperation der Arbeitenden.

Die Bildung von Kooperativen und Kommunen bzw. eine sich darin erprobende neue Organisation von Arbeit konträr zur vorherrschenden frühkapitalistischen Ausbeutung ist ab den 1820er Jahren bezeichnend für die Praxis von Sozialisten. Als Beteiligte an einer kooperativen Gemeinschaft wurden zuerst (1827) die Anhänger von Robert Owen in Großbritannien „socialists or communionists" genannt. Die Kooperative nahmen die Form von Produktivgenossenschaften, von Konsumgenossenschaften (musterhaft die der *Rochdale Society of Equitable Pioneers* 1844), von Wohnungsgenossenschaften, Handwerkergenossenschaften und (mit Friedrich Wilhelm Raiffeisen) von landwirtschaftlichen Genossenschaften an. Die erste Kommune, die Robert Owen in *New Harmony* 1824 realisierte (vgl. Bechtel 2018), und die „Phalanstères", die nach dem Konzept von Charles Fourier funktionierten, waren Versuchsorte neuer Weisen des Zusammenlebens und Zusammenarbeitens. Man stellte sich vor, die wirtschaftliche Produktion insgesamt genossenschaftlich zu betreiben. Die Projekte ließen sich nicht auf Dauer erhalten, fanden aber immer wieder Nachfolger.

In Frankreich gab es zu dieser Entwicklung – einer neuen Organisation der Arbeit – einen wirtschaftswissenschaftlichen Diskurs, der den Begriff der Sozialwirtschaft *(économie sociale)* prägte. Kooperative, Gegenseitigkeitsgesellschaften und andere Vereinigungen der Unterstützung und Absicherungen wurden ihr in Absetzung von der auf Profit und Ausbeutung ausgerichteten Ökonomie zugerechnet (s. Wendt 2018). Von den Anfängen der Sozialwirtschaft ab 1830 lässt sich eine Linie ziehen zu den Sozialunternehmen, die in jüngster Zeit, gefördert von der Europäischen Union, beanspruchen, soziale Probleme auf innovative Weise zu lösen.

5.2   Konservative Erneuerung und christliche Wohltätigkeit

Auf christliche Nächstenliebe ließ sich von jeher setzen, aber erst die Besinnung auf die christlichen Werte in Entgegnung auf die Französische Revolution belebt ein tätiges Christentum, das von engagierten Gläubigen in sozialen Organisationen und zweckgebundenen Einrichtungen praktiziert wird. Katholische Frauen finden sich nach 1800 in Frankreich in *Schwesternschaften* zusammen und schaffen Einrichtungen für Notleidende. Mit einer Erweckungsbewegung entstehen auf evangelischer Seite vorwiegend in Süd- und Westdeutschland zwischen 1820 und 1830 in größerer Zahl *Rettungshäuser* für verlassene und verwahrloste Kinder. Sie sollten nach dem Vorbild des Schweizer Pädagogen Johann Heinrich Pestalozzi (1746–1827) in einer christlichen Haushaltung aufgezogen werden. Im rheinischen Kaiserswerth errichtet Theodor Fliedner 1836 eine Bildungs-stätte (Diakonissenanstalt) für evangelische Pflegerinnen: das Mutterhaus der „Kaiserswerther Schwestern" – mit Langzeitwirkung für den weiblichen Beruf der Krankenschwester.

Zur *weiblichen Diakonie* kam mit Johann Hinrich Wichern (1808–1881) im „Rauhen Haus zu Horn bei Hamburg" und seiner Ausbildung von „Brüdern" in einem „Gehilfeninstitut" die *männliche Diakonie*. Wicherns Bedeutung besteht in der Begründung der „inneren Mission", in der er mit „Werken rettender Liebe" auf den Zustand des Volkslebens einwirken wollte – hin zur Erneuerung einer christlich geprägten Gesellschaft. Mit der Institution der „Inneren Mission" besteht seit Ende 1848 ein erster Spitzenverband freier Wohltätigkeit in Deutsch-land, das heutige Diakonische Werk.

Vergleichbar mit dem Wirken Wicherns ist das Werk des Schotten Thomas Chalmers (1780–1847), der seiner Diakonie ein Konzept christlicher Haushaltung und Gemeindeökonomie unterlegte, wie sie analog in Frankreich auf katholischer Seite von Alban de Villeneuve-Bargemont (mit dem Konzept eines Grundein-kommens) ausgearbeitet wurde. Chalmers setzte auf Charakterbildung bei den Armen. Mit systematischen Hausbesuchen bei ihnen sollte ihre Selbsthilfe und gegenseitige, nachbarschaftliche Unterstützung forciert werden.

Die internationalen Verbindungen der karitativen Akteure führten zu ersten Wohltätigkeitskongressen 1855 in Paris, 1856 in Brüssel und 1857 in Frankfurt am Main. Beim Treffen 1855 *(Réunion internationale de charité)* wurden 19 Resolutionen verabschiedet, darunter

- zur Entwicklung des Schulwesens speziell für Mädchen
- für ein strikte Bettelverbot
- zur Förderung von Sparsamkeit in der Arbeiterklasse
- zur Entwicklung der Gegenseitigkeitsgesellschaften
- für die Einrichtung von Kinderkrippen
- gegen den Ausschluss von behinderten Kindern vom Schulbesuch
- zum Schutz von arbeitenden Kindern und Jugendlichen.

Insgesamt hat die konservative und christliche Erneuerungsbewegung den Grund gelegt für eine Menge Einrichtungen und Dienste, die bis heute in vielen Ländern frei-gemeinnützig wirken.

5.3   Liberale Vernunft und Sozialwissenschaft

Auf die Freiheit des Einzelnen, über sein Tun und Lassen selbst zu bestimmen, bauen Liberale auch angesichts von Not und Elend. Die Armen sind zur Selbsthilfe aufgerufen; jede unkontrollierte Wohltätigkeit mindere die Bereitschaft zu eigenem Einsatz. Wer nicht selbst zurechtkommt, dem kann mit einer wissenschaftlich fundierten Einwirkung auf sein Verhalten geholfen werden. Systematisch entwirft der englische Jurist und Philosoph (Begründer des Utilitarismus) Jeremy Bentham (1748–1832) in seinem Werk „Panopticon" ein Programm der Verhaltenssteuerung (mit „pain and pleasure"). Es ist umfassend anwendbar und beschreibt auch für einen „poor plan", wie per Disziplinierung der Armen sie zu leistungsfähigen Beschäftigten in einer „National Charity Company" gemacht werden können. Benthams Darlegungen beeinflussten zusammen mit weiteren wissenschaftlichen Diskursen seiner Zeit die Politik zur „sozialen Frage" in Großbritannien.

Soziale Wissenschaften, die sich auf das gesellschaftliche Geschehen und auf den Menschen im gesellschaftlichen Rahmen beziehen, entstehen im 18. Jahrhundert (Head 1982; Olson 1993; Heilbron et al. 1998). Mit der Französischen Revolution werden die Gesellschaft und ihre Entwicklung zum Gegenstand wissenschaftlicher Diskurse. Der Abbe Sieyès prägte den Begriff *science sociale* und Saint-Simon füllte ihn mit Inhalt. Seinem Gegenstandsbereich widmeten sich in Paris ab 1795 das *Institut de France,* sodann die Schule der „Ideologen" und die „Gesellschaft der Beobachter des Menschen" (1799–1805), die sich vornahm, die physischen, intellektuellen und moralischen Aspekte der Menschheit empirisch zu erforschen.

Die Wissenschaften vom Menschen und von der Gesellschaft fanden ihre Anwendung auf soziale Probleme in der Armenpflege allgemein, in sanitären

Maßnahmen, in Förderung armer Kinder, in der Behandlung armer Kranker sowie in der Versorgung behinderter Menschen. Joseph Marie de Gérando (1772–1842), Mitglied in der „Gesellschaft der Beobachter des Menschen", reorganisierte das Pariser Armenwesen und schrieb mit dem „Armenbesucher" (Gérando 1820) ein erstes Fachbuch für das soziale Arbeitsgebiet. Gérandos Losung für die Besucher der Armen lautete: *Erst das forschende Auge und dann die gebende Hand.*

Dass man *arme Kinder* mit einer Grundbildung ausstatten und damit ihre Erwerbsfähigkeit fördern sollte, war eine allgemeine Überzeugung. Praktisch lieferte das *monitorial system* von Joseph Lancaster in England ein billiges Modell (nach Anleitung unterrichten ältere Kinder die jüngeren), das verbreitet Anwendung fand (Lancaster 1803). In deutschen Ländern gab es dagegen schon die allgemeine Schulpflicht. Kleinere Kinder konnten nach Friedrich Fröbels (1782–1852) Gründung des *Kindergartens* (1842) diese Einrichtung besuchen. Anhängerinnen Fröbels machten den Kindergarten zur Basis für die Ausbildung zum Beruf der Erzieherin.

Für die *armen Kranken* musste zunächst über die Seuchenbekämpfung hinaus eine Systematik der Krankheiten in der Bevölkerung erstellt werden, eine medizinische Nosologie, wie man sie zuvor für reiche Kranke nicht nötig hatte. 1784 eröffnete in Wien das erste „Allgemeine Krankenspital". Für Jahrzehnte blieben die Krankenhäuser Einrichtungen für die ärmere Bevölkerung, während die begüterte sich privat behandeln ließ.

Speziell die *armen Irren* erfuhren Aufmerksamkeit, nachdem man sie in der Französischen Revolution aus den *hôpitaux généraux* entlassen hatte. Es waren Heil- und Pflegeanstalten einzurichten und eine psychiatrische Krankheitslehre musste entwickelt werden. Scheiden ließ sich von den Irren bald die Krankengruppe der „Blödsinnigen" (so hießen sie). An einzelnen Fällen (Kaspar Hauser!) studierte man deren Heilungs- und Bildungschancen; erste Anstalten für behinderte Menschen entstanden ab 1830. Der Terminus Heilpädagogik (… „mit besonderer Berücksichtigung der Idiotie und der Idiotenanstalten", 1861) zeugt von der Verbindung von Erziehung und Medizin, die Erfolg versprach.

Der Einsatz von Ärzten in der Versorgung von armen Kranken und Behinderten war seinerzeit begleitet von einer Sanitätsbewegung (hin zu *Public Health*) in England und von Bemühungen um eine weitergehende „medizinische Reform", vertreten besonders vom liberalen Sozialhygieniker Rudolf Virchow. In Großbritannien nahm sich die 1857 gegründete britische *National Association for the Promotion of Social Science* vor, die Expertise aus den neuen Wissenschaften für Reformen in Politik und Gesellschaft nutzbar zu machen.

Die Prinzipien der öffentlichen Armenpflege und die organisierte Wohltätigkeit

6

1830–1880

Zur Armenpflege hielt in Europa neuzeitlich der Staat die Kommunen an (und er tut das bis heute). Die Armenpolitik besaß durchaus keinen sozialen Charakter. Sie blieb auf Disziplinierung der arbeitsfähigen Armen angelegt. Allerdings hatte ihnen das Speenhamland System in England eine Mindestabsicherung zugesprochen – mit dem Effekt, dass die Zahl der registrierten, unterstützungsberechtigten Armen stieg. Eine gesetzliche Neuregelung der öffentlichen Armenpflege erschien dringend.

6.1 Armengesetzgebung

Das alte englische Armengesetz (von 1601) gebot den Kommunen, ihre Armen in Arbeit zu setzen und sie, wo nötig, in Arbeitshäusern *(workhouses)* unterzubringen. Das System von Speenhamland unterlief mit direkten Zahlungen dieses Gebot. Um das Problem der massenhaften Armut in den Griff zu bekommen, setzte das britische Parlament 1832 eine Sachverständigenkommission ein, deren Vorschläge 1834 zur Neufassung der Armengesetzgebung führten. Die Prinzipien des *New Poor Law* von 1834 bestimmten fortan das restriktive Verständnis der öffentlichen Armenpflege nicht nur in England:

- Keine Unterstützung für arbeitsfähige Arme außerhalb des Arbeitshauses (Verbot von *outdoor relief*).
- Die Versorgung im *workhouse* muss geringer sein als der Unterhalt, den ein Armer außerhalb des Arbeitshauses mit der am schlechtesten bezahlten Arbeit erwerben kann.

- Wer arbeitsfähig ist, aber nicht arbeitet, hat keinen Anspruch auf Hilfe.
- Das *workhouse* trennt Männer und Frauen, um die Geburt von Kindern zu verhindern.

Auswanderung von Armen war gewünscht (die Kommunen durften die Kosten dafür übernehmen). Generell erwartete man vom neuen Verfahren eine schnelle Verminderung der Zahl der zu versorgenden Armen. Die Hoffnung erfüllte sich aber nicht.

In der Folge verlagerte sich die Gewährung von Hilfen zunehmend in die private Wohltätigkeit, für die es im reichen England hinreichend Spendenbereitschaft, unterschiedlich motiviert, in einer Menge von *charities* gab. Von ihnen sollte aber die stringente Armenpolitik nicht unterlaufen werden. Eine Abstimmung des Mitteleinsatzes in organisierter Verbindung der wohltätigen Akteure erschien dringend. Ein Vorbild für die nötige Organisation in England bot das deutsche *Elberfelder Modell* von 1852: es gestaltete die kommunale Hausarmenpflege in Verbindung mit freitätigem Einsatz dezentral und individualisiert. Die ehrenamtlichen Armenpfleger von den Kirchen, der Kommune und privaten Stiftern wurden auf die Wohnquartiere verteilt, in denen sie jeweils nur für wenige Familien zuständig waren.

6.2   Das Verfahren der COS

In Zusammenführung der freien Wohltätigkeit entstand 1869 in London die „Society for Organising Charitable Relief and Repressing Mendicity", kurz: die *Charity Organisation Society,* COS. Wie zuvor schon von Besuchsvereinen praktiziert, setzte die COS ehrenamtliche Besucherinnen *(friendly visitors)* ein, deren Berichte Grundlage der Entscheidung in einer *case conference* wurden, ob ein Armer einer Unterstützung „würdig" oder „unwürdig" war. Im positiven Fall half eine der COS angeschlossene *charity* dem Bedürftigen. Die Zuordnung von Fällen danach, ob sie Hilfen verdienten oder nicht, erfolgte in aller Härte im Untersuchungsverfahren der COS. Und sie war stolz darauf.

Die COS verfuhr systematisch und nach ihrem Verständnis wissenschaftlich begründet. Die *friendly visitors* der COS wurden entsprechend geschult und in einer ersten Form von *Supervision* begleitet. Mit der „scientific charity" der COS wird bei einer Problembearbeitung wichtig, auf welche Art und Weise sie funktional erfolgt und wie mithin in wohltätigem Handeln personenbezogen „sozial" vorgegangen wird. 1877 entstand die erste COS in den USA. An ihren vielen Standorten bildete dieser Typus Organisation die Infrastruktur aus, auf der sich die methodische Soziale Arbeit entwickeln konnte. Deren anderes Standbein in den *Settlements* kam dann hinzu (s. Abschn. 8.1). So doppelt gerüstet, war der sozialen Berufstätigkeit nach 1890 der Weg gebahnt.

Von Staats wegen sozial

1860–1900

Erst nach 1840 kommt das Wort „sozial" im Deutschen in Gebrauch. Seitdem führen die Stränge des Diskurses zum Sozialen auseinander: Es gibt die gesellschaftsbezogene Debatte darüber, wie man den unteren Klassen der Bevölkerung gerecht werden und den Gefahren durch Sozialismus und Kommunismus begegnen kann. Auf einer Diskursebene darüber wird über die Regierungsweise im Staat diskutiert (exemplarisch: „System der socialen Politik" von Julius Fröbel 1847). Die Wohltätigkeit auf der Individualebene legt sich das Attribut „sozial" erst zu, als sie bei Reformen in Staat und Gesellschaft mitbedacht wird.

Nicht die soziale Frage, wie man der Armut beikommt, sondern der Gegensatz von Kapital und Arbeit und mit seinem Konfliktpotenzial die „Arbeiterfrage" war nach 1848 politisch brisant. Die Gefahr eines sozialistisch inspirierten Umsturzes durch ein organisiertes Proletariat führte in der zweiten Hälfte des 19. Jahrhunderts zu einer neuen Einschätzung der Rolle des Staates in Belangen der Menschen, die dem „politischen Körper" angehören. Während nach liberaler Auffassung der Staat nur für Ordnung und Sicherheit sorgen sollte, wurde ihm von konservativer Seite eine fürsorgerische Rolle zugesprochen, wissenschaftlich unterstützt von der „Historischen Schule" der Nationalökonomie. Ihre Vertreter gründeten 1873 den „Verein für Socialpolitik", welcher für einen sorgenden Staat die Argumente lieferte.

7.1 Bismarcks Sozialpolitik

Der Reichskanzler Bismarck wollte nach der „äußeren" Einigung Deutschlands seine „innere Einigung" dadurch bewerkstelligen, dass die Arbeiterschaft durch „staatliche Fürsorge" für das Reich gewonnen wird. Seine Sozialpolitik wurde

ab der „Kaiserlichen Botschaft" vom 17.11.1881 mit einer Reihe von Gesetzen
zur Versicherung der Arbeiter realisiert. Das Versicherungssystem sollte „dem
Vaterlande neue und dauernde Bürgschaften seines inneren Friedens und den
Hilfsbedürftigen größere Sicherheit und Ergiebigkeit des Beistandes, auf den
sie Anspruch haben" verschaffen. Bismarck konnte die Einführung der Versicherungen nur mit Kompromissen erreichen. Seine Sozialpolitik wurde gleich-
wohl Vorbild für die Gesetzgebung in vielen Ländern.

Für die bestehende Armenpflege in den Kommunen und die Wohltätigkeit
von privater Seite war die staatliche Sozialpolitik eine Herausforderung. Die
Armenpfleger wollten ihre Erfahrungen in den allgemeinen Reformprozess ein-
bringen und gründeten dafür 1880 den „Deutschen Verein für Armenpflege und
Wohlthätigkeit", der später eine wichtige Rolle in der Verbindung freier und
öffentlicher Wohlfahrtspflege übernahm.

In Großbritannien wurde die Debatte über Maßnahmen gegen die Armut vor
allem von den Intellektuellen in der *Fabian Society* geführt, darunter von Charles
Booth, der mit einer großangelegten Erhebung der Lebensverhältnisse und
Armutsgründe in London 1883 zum Pionier der *empirischen Sozialforschung*
wurde. Die Fabier zeichneten in der Reformkommission zu den Armengesetzen
1909 verantwortlich für den *Minority Report*, in dem eine Abkehr von der Armenpflege und in Richtung Wohlfahrtsstaat ein „national minimum of civilized life"
für alle verlangt wurde.

7.2   Konzepte der Solidarität

Eine Alternative zur deutschen Sozialpolitik besaß Frankreich mit dem von
Frédéric Le Play (1806–1882) konzipierten *Familialismus,* der Abstützung von
Familie in ihrer tragenden Rolle in der sozialen Versorgung. Familienpolitik ist
seither der Kern französischer Sozialpolitik. Hinzu kommt der *Solidarismus,*
der in unterschiedlicher Form Ende des 19. Jahrhunderts diskutiert wurde: Die
moderne arbeitsteilige Gesellschaft erfordert eine „organische Solidarität", nachdem die natürliche Abhängigkeit von Gemeinschaft in „mechanischer Solidarität" nicht mehr gegeben ist (E. Durkheim). Für ein solidarisches Wirtschaften
bieten sich Genossenschaften an (Ch. Gide). Als politisches Konzept wird der
Solidarismus vom Staatsmann Léon Bourgeois vertreten: Jeder Mensch über-
nimmt ein kollektives Erbe und mit dessen Nutzung trägt er Pflichten; er schuldet
der Gesellschaft und jedem Menschen gegenüber Solidarität. Wer mehr von der
Gesellschaft profitiert, schuldet ihr auch mehr. Gerechtigkeit verlangt einen Ausgleich der Schuld und der Lasten in der Gesellschaft. (Bourgeois 2020, S. 7 ff.).
Organisatorisch empfehlen sich danach Versicherungen auf Gegenseitigkeit im
Rahmen einer solidargemeinschaftlichen Staatsordnung.

Bildung und ethische Kultur

8

1860–1900

Im viktorianischen England waren mit dem Reichtum, den der „Manchester-kapitalismus" produzierte, Armut und Elend in der arbeitenden Bevölkerung nicht geringer geworden, sondern nur noch drastischer sichtbar. Wer am Zustand des Gemeinwesens interessiert war, konnte die Scheidung, wie sie in London zwischen den Slums in East London und dem reichen Westen bestand, nicht einfach hinnehmen. Man lebte mit diesem Unterschied „wie auf zwei Planeten", schrieb der junge Benjamin Disraeli, später konservativer Premier-minister, 1844 in „Sybill, or, The Two Nations". In gebildeten Kreisen, in Oxford und Cambridge, wollte man über diese Trennung hinweg die Brücke der gemeinsamen Kultur und der Werte bauen, die jenseits des Materiellen das Leben (in der Sicht der Begüterten) erst wirklich reich machen.

Von den Universitäten Oxford und Cambridge aus begann in den 1860er Jahren die „Universitätsausdehnungsbewegung" mit Vorträgen und anderen Lehr-angeboten für die arbeitende Bevölkerung. Zuvor schon hatte in Dänemark der Pfarrer und Politiker Grundtvig mit der Erwachsenenbildung in *folkehøjskoler* begonnen. Parallel dazu entstanden in Deutschland Arbeiterbildungsvereine. In London trat u. a. der junge Arnold Toynbee als Redner in Arbeiterversammlungen auf, wollte die Begegnung von begüterten und armen Menschen und befürwortete Kooperative und gewerkschaftliche Organisation. Er war nach seinem frühen Tod Namensgeber von *Toynbee Hall* 1884 als Niederlassung *(settlement)* einer Gruppe von Studenten und Dozenten unter Leitung von Samuel und Henrietta Barnett. Damit begann in den Slums von East London die Settlement-Bewegung. Sie bildete bald einen Hauptstrang (neben dem der COS und im Gegensatz zu ihr) der Entwicklung hin zu eigenständiger Sozialer Arbeit.

21

8.1   Das Settlement Movement

Nach Toynbee Hall entstanden weitere Settlements, die in vielfältiger und unterschiedlicher Weise Raum boten für Kultur-, Bildungs- und Freizeitaktivitäten bei offenen Zugang für die örtliche Bevölkerung. Statt personenbezogener Einzelfallhilfe gab es Formen von Gruppenarbeit in Klubs, in Vereinen, in Arbeits- und Gesprächskreisen und es wurden gemeinwesenbezogene Projekte durchgeführt. Die bald auch in den USA gegründeten *social settlements* verstanden sich von vornherein als Akteure im zivilen Umfeld. So die erste Niederlassung, die Stanton Coit (1857–1944) als *Neighbourhood Guilt* 1886 in New York einrichtete. Coit begriff sie als „Instrument der sozialen Reform" und verband damit erstmals den Terminus *social work* (Coit 1891, S. 88). Das Settlement betrieb besonders die Integration der vielen Eingewanderten und organisierte Treffen für junge Menschen und Familien.

1889 gründete Jane Addams (1860–1935) in Chicago *Hull House*. Es wurde zu einem Zentrum der Nachbarschaftshilfe, des zivilen Engagements und der kommunalpolitischen Aktion. Die Protagonistin versammelte dort einen Kreis von Frauen, die mit vielen Projekten der sozialen Reform auftraten, die Lebens- und Arbeitsverhältnisse vor Ort untersuchten und für ihre Verbesserung eintraten. Jane Addams saß der *National Conference of Charities and Correction* vor, pflegte internationale Beziehungen unter Sozialarbeiterinnen und in der Frauenbewegung und erhielt später wegen ihres Eintretens für den Frieden in der Weltkriegszeit den Friedensnobelpreis. Eine wichtige Rolle spielte sie während der *Progressive Era* in der Erweiterung des Betätigungsbereichs professioneller Sozialarbeit.

8.2   Sozialkulturelle Werke

Die Settlement-Idee verbreitete sich auch in Europa diesseits des Kanals. In Amsterdam gab es ab 1890 mit *Ons Huis* ein erstes sozialkulturelles Nachbarschaftsheim. In Paris entstand 1896 ein *Œuvre sociale;* nach ihm kamen Sozialzentren in Frankreich zustande. In Deutschland eröffneten zur „Veredelung der Volksgesellichkeit" in Dresden 1899 mehrere „Volksheime mit Volksgärten". Viele andere Einrichtungen folgten. *Volkshäuser* entstanden um 1900 als Bildungsstätten und gewerkschaftliche Zentren in Dänemark, Schweden, Belgien, der Schweiz, Russland, Italien und weiteren Ländern. 1913 gab es in den USA 413 Settlements.

Mit der Auffassung sozialer Betätigung als Wert und Werk (Coit) war sie attraktiv für ein Bürgertum, das im gesellschaftlichen Wandel die Güter eines säkularen Humanismus wahren wollte. Ihnen widmete sich die *Society for Ethical Culture*, 1876 gegründet von Felix Adler in New York. Es folgten viele weitere Gründungen einer Bewegung, die nach „sittlicher Veredlung", Werteerziehung, kultureller Hebung und Humanität im Volksleben strebte, Philanthropie schätzte und sich für soziale Reform einsetzte. So auch die „Deutsche Gesellschaft für ethische Kultur" ab 1892. Sie kümmerte sich um Wohlfahrtseinrichtungen und insbesondere um das Engagement von Frauen als berufenen Pflegerinnen von Wohlfahrt.

Die soziale Berufung der Frau

9

1860–1910

Dass Menschenrechte nicht nur Rechte von Männern, sondern auch von Frauen sein sollten, hatte bereits 1791 Olympe de Gouges mit ihrer *Déclaration des droits de la Femme et de la Citoyenne* gefordert. Eine Frauenbewegung wurde daraus zunächst nicht; bürgerliche Frauen suchten nach der „Bestimmung des Weibes" in freier Betätigung und in Berufen, die ihnen gemäß zu sein schienen: in der weiblichen Diakonie, als Gouvernante und in Friedrich Fröbels Kindergarten, in der sich „Mütterlichkeit als Beruf" realisieren ließ, wie im „friendly visiting" der organisierten Wohltätigkeit. Ab den 1860er Jahren trat die bürgerliche Frauenbewegung zunehmend organisiert in Vereinigungen und mit Programmen in der Öffentlichkeit auf, u. a. in der Bekämpfung der Prostitution bzw. für eine neue Sexualmoral.

Das Interesse an Bildung ließ Frauen in den USA eigene Seminare und Colleges gründen; in Deutschland eröffnete 1850 die Hamburger „Hochschule für das weibliche Geschlecht"; in England wirkten Frauen u. a. bei der COS und in den Settlements mit. Betont wurde die Kulturaufgabe der Frau (im Gegenüber von „Mütterlichkeit" und „Maschinerie"). Die soziale Betätigung war aus dieser Aufgabe abzuleiten. Das tat u. a. die „Deutsche Gesellschaft für ethische Kultur". Sie gründete 1893 in Berlin die „Mädchen- und Frauengruppen für soziale Hilfsarbeit", um junge Frauen „aus gutem Hause" an die Wohlfahrtspflege heranzuführen. Eine Ausbildung dafür wurde in Kursen organisiert. Als Sekretärin der „Gruppen" war Alice Salomon (1872–1948) tätig – bald die Protagonistin der sozialberuflichen Ausbildung und damit der Sozialen Arbeit in Deutschland.

© Der/die Herausgeber bzw. der/die Autor(en), exklusiv lizenziert durch
Springer Fachmedien Wiesbaden GmbH, ein Teil von Springer Nature 2020
W. R. Wendt, *Kurze Geschichte der Sozialen Arbeit,* essentials,
https://doi.org/10.1007/978-3-658-30353-2_9

9.1   Der Beginn der Ausbildung für den sozialen Beruf

In den USA nahm die Verberuflichung Sozialer Arbeit einen besonderen Verlauf. Der Wunsch amerikanischer Frauen nach einer eigenständigen Profession begann mit Ausprägungen einer *domestic science,* aus der sich das Fachgebiet *home economics* entwickelte (Stage und Vincenti 1997). Parallel traten die in den COS und in Settlements tätigen Frauen in der *National Conference of Charities and Correction* mit der Forderung nach Professionalisierung ihrer Arbeit auf. Das war ein hoher Anspruch, denn *profession* bedeutete bei einer im Dienste der Allgemeinheit geleisteten Tätigkeit das Vorhandensein

- einer auf akademische Ausbildung gründenden Kompetenz,
- einer eigenständigen wissenschaftlichen Methodik,
- von beruflichen Normen und einer die Verhaltensregeln kodifizierenden Ethik,
- einer berufsständischen Organisation, welche über die Standards der Praxis wacht.

Diesen Merkmalen einer Profession entsprachen die interessierten Protagonistinnen der COS und der Settlements zunächst mit der Entwicklung einer eigenständigen Ausbildung. 1898 begann in New York, getragen von der COS und der Columbia University, ein erster Kursus in „angewandter Philanthropie". Mit ihm gilt 1898 als das Geburtsjahr der professionellen Sozialen Arbeit.

In Europa gingen die Frauen in den Niederlanden voran. 1899 entstand in Amsterdam die „Opleidingsinrichting voor Socialen Arbeid'". In Deutschland bot sich für Alice Salomon nach den Anfängen mit Kursen in den „Mädchen- und Frauengruppen für soziale Hilfsarbeit" die Möglichkeit, 1908 in Berlin eine *Soziale Frauenschule* zu eröffnen (die heutige ASH Berlin). Weitere Frauenschulen in konfessioneller und kommunaler Trägerschaft folgten. In der Schweiz gab es Kurse seit 1907. In Österreich begann die soziale Ausbildung 1912: Ilse Arlt richtete mit den *Vereinigten Fachkursen für Volkspflege* in Wien einen zweijährigen Lehrgang für Frauen und Mädchen ein. Die Protagonistinnen tauschten sich international aus und brachten die Soziale Arbeit auf ihren Begriff.

In der *Progressive Era* zur sozialen Profession

10

1900–1920

In der Reformzeit, der *Progressive Era* nach 1900, ergab sich in den USA unter Präsident Theodore Roosevelt die Chance für die sozial Tätigen, ihr Handlungsfeld auszuweiten und dadurch in der Professionalisierung voranzukommen. Soziale Arbeit war gefragt in den Bemühungen

- im Kinderschutz,
- beim Aufbau einer Jugendgerichtsbarkeit und Bewährungshilfe,
- bei Einführung der Schulpflicht mit Schulsozialarbeit,
- in der Familienhilfe,
- im Gesundheitswesen mit der Einrichtung von Sozialdiensten im Krankenhaus und in der Psychiatrie.

Insbesondere im Kreis um Jane Addams wurde die vielseitige Betätigung als eine Arbeit zur kommunalen Entwicklung und allgemein zur Verbesserung der Lebensbedingungen in der Bevölkerung begriffen, wozu deren Verhältnisse in empirischer Sozialforschung („friendly research") zu erkunden waren und eine zivile und politische Anwaltschaft für die Behebung von Missständen übernommen wurde.

Die Reformzeit erschloss die Steuerung und Gestaltung gesellschaftlicher Verhältnisse für Soziale Arbeit. Sie konnte in Verbindung mit Sozialwirtschaft und sozialer Politik begriffen werden. So von Edward T. Devine (1867–1948), Generalsekretär der New Yorker COS, ab 1904 Professor für Social Economy an der Columbia University, Gründer und Leiter der New York School of Philanthropy. Für die Zusammenführung der Bestrebungen setzte 1905 die Vereinigung der Fachzeitschriften der COS und der Settlement-Bewegung unter dem Titel „Charities and the Commons" ein Zeichen.

© Der/die Herausgeber bzw. der/die Autor(en), exklusiv lizenziert durch
Springer Fachmedien Wiesbaden GmbH, ein Teil von Springer Nature 2020
W. R. Wendt, *Kurze Geschichte der Sozialen Arbeit,* essentials,
https://doi.org/10.1007/978-3-658-30353-2_10

Sammlung von Wissen und Können war nötig. Auf der *National Conference of Charities and Correction* 1915 hatte Abraham Flexner die ihm gestellte Frage „Is Social Work a Profession?" mit Verweis auf den Mangel einer eigenen Wissensbasis verneint. Die Antwort darauf war 1917 das Buch „Social Diagnosis" von Mary Richmond. Es bedeutete eine Selbstverständigung der Profession über ihre Methode – Casework. In der Einleitung heißt es dort mit Bestimmtheit (Richmond 1917, S. 25):

> „The social workers of the United States form a large occupational group. A majority of them are engaged in case work – in work, that is, which has for its immediate aim the betterment of individuals and families, one by one, as distinguished from their betterment in the mass. Mass betterment and individual betterment are interdependent, however, social reform and social case work of necessity progressing together."

Gestaltung der Arbeit am Fall soll mit der Gestaltung der Gesellschaft verbunden bleiben, aber dieser soziale Anspruch war nach dem Ende der Progressive Era nicht mehr einzulösen. Der personenbezogene Dienst wurde gebraucht; die Zuständigkeit für die Reform von Verhältnissen schwand.

In der Methodenentwicklung zur Handlungskompetenz 11

1920–1960

In der amerikanischen Sozialarbeit prägten sich im Zeitraum von 1920 bis 1960 – nach den Anfängen zuvor – die drei klassischen Methoden der Profession: Einzel(fall)hilfe, Gruppenarbeit und Gemeinwesenarbeit aus. Trotz Differenzierung des Verfahrens und der Techniken im Laufe der Zeit, hat sich die Dreiteilung der Handlungsmethoden erhalten.

11.1 Einzelfallhilfe

Casework blieb für viele Jahre die alleinige fundierte Methode, in welcher die professionelle Soziale Arbeit ihren Verfahrensweg auslegte. Nur darin ausgebildete Fachkräfte konnten Mitglied der amerikanischen Berufsorganisation sein. Das fachliche Vorgehen reicherte sich ab 1920 rasch mit Psychologie an, wie sie in Beratungsdiensten gebraucht wurde. Die Problemlagen, in denen das Casework zum Einsatz kam, hatten sich nach dem 1. Weltkrieg verändert. Nicht mehr allein mittellosen Armen musste geholfen werden. Den neuen Erfordernissen schien ein psychodiagnostisches und psychoanalytisches Vorgehen angemessen.

In Deutschland übernahm Alice Salomon den psychosozialen Ansatz in ihrem Buch „Soziale Diagnose" (1926) für die Ausbildung der Wohlfahrtspflegerinnen. Zusammen mit Siddy Wronsky schrieb Salomon 1926 die Publikation „Soziale Therapie", die eine Sammlung von Falldarstellungen zu Lehrzwecken enthielt. Derweil entwickelte sich Casework in den USA weiter. Es entstanden nacheinander vier „Schulen" oder Richtungen der Einzelfallhilfe:

- Die diagnostische Schule setzte auf eine ausführliche Anamnese und Einordnung des gewonnenen Bildes in eine (psychoanalytische oder entwicklungspsychologische) Klassifikation von Störungen oder Krankheiten.
- ie funktionale Richtung interpretierte das professionelle Handeln als eine vom Klienten gewünschte oder ihm zuträgliche Dienstleistung. Zu fördern sind (i. S. der humanistischen Psychologie) Wandlungs- und Wachstumsprozesse von Personen.
- Der psychosoziale Ansatz besteht in einer Weiterentwicklung der diagnostischen Richtung. Probleme werden nicht isolierten Personen zugerechnet, sondern der „Person-in-der-Situation".
- Der Problemlösungsansatz bezieht Momente aus den vorherigen Konzepten ein und setzt auf eine Stärkung der Fähigkeit von Personen und Familien, in ihrem Leben zurechtzukommen und Schwierigkeiten zu bewältigen.

Die *psychosoziale* Ausrichtung der methodischen Einzelfallhilfe währte bis in die 1970er Jahre – und blieb auch danach noch im „Psychoboom" bestimmend.

11.2   Die Varianz der Gruppenarbeit

Eine soziale Betätigung in und mit Gruppen (in den USA in Settlements, auf Kinderspielplätzen oder in der Führung von Jugendgruppen) hatte zunächst methodisch kein Gewicht für die Profession, weil die sich mit ihr humanwissenschaftlich nicht profilieren konnte. Für *Gruppenpädagogik* schien keine besondere Ausbildung erforderlich. Bei Gruppen in Reformschulen und in der Jugendbewegung in Deutschland genügte ein pädagogischer Elan.

In den USA änderte sich die Situation mit der soziologischen Erforschung von Kleingruppen und in der Praxis mit dem Aufkommen von *gruppentherapeutischen* Verfahren (Psychodrama, Gruppenspieltherapie) ab den 1930er Jahren. Später brachte Kurt Lewin die *Gruppendynamik* als drittes Element in die berufliche Befähigung ein.

Anerkannt wurde Gruppenarbeit erst einmal als Handlungsfeld unter anderen. 1935 erhielt sie einen Sektionsstatus in der *National Conference of Social Work*. 1936 entstand die *American Association for the Study of Group Work*, 1937 die *American Association of Group Workers*. Ob die Soziale Arbeit deren Profession war oder ob Gruppenarbeit beruflich neben ihr existierte, blieb offen. Erst in den 1940er Jahren konnte sich *Social Group Work* schrittweise als zweite professionelle Methode der Sozialen Arbeit etablieren und 1955 ihren Platz in der *National Association of Social Workers* finden.

In Deutschland ließ sich in der Nachkriegszeit die Methode gebrauchen, um Demokratie einzuüben. Von 1949 bis 1962 trainierten im „Haus Schwalbach" im Taunus viele Erwachsenenbildner, Jugendleiter und Sozialarbeiterinnen, wie man demokratisch kommuniziert, im Team arbeitet und Personal führt. Später haben mit diesem Know-how ausgerüstete Sozialpädagogen ab 1970 die Gruppenarbeit in selbstverwalteten Jugendhäusern und in einer „demokratischen Heimerziehung" praktiziert. Gruppendynamik bot sich an für Trainingsverfahren in der psychotherapeutischen Szenerie.

11.3   Stadien der Gemeinwesenarbeit

Die Anfänge der Gemeinwesenarbeit in den USA haben ihren Grund in dem Bestreben, die demokratische Beteiligung der Bürger an lokaler Politik zu fördern. Gemeinschaftliches Handeln ergab sich nicht von allein, sondern musste organisiert werden. Methodisch entfaltete sich *community organizing* in den 1920er Jahren. Verfahren der Gemeinwesenentwicklung wurden nach der Weltwirtschaftskrise für Beschäftigungsprogramme des *New Deal* gebraucht. Nach dem Krieg gehörte *community development* zum Wiederaufbau in Europa und zur (antikommunistischen) Demokratieentwicklung in vielen Ländern des Südens. Verfahren wie *community support* und *community building* kamen hinzu.

Um 1960 war *Community Work* als dritte Methode der Sozialen Arbeit anerkannt. Gemeinwesenarbeit bezog danach Techniken der Sozialplanung, der sozialen Aktion (von Saul Alinsky) und solidarwirtschaftliche Projekte ein. Territorial rechnen stadtteilbezogene Sozialarbeit bzw. das Quartiersmanagement und funktional die Sozialraumorientierung dazu. Zusammen mit den Bewohnern und von Problemen Betroffenen werden Lebensverhältnisse vor Ort bearbeitet. In theoretischer Reflexion lässt sich professionelles soziales Handeln insgesamt als *Arbeit im und am Gemeinwesen* fassen.

Die Pädagogik in Deutschland wird sozial

1890–1930

Von beruflicher Sozialarbeit lange gesondert und spät erst mit ihr verbunden, hat sich in Deutschland die *Sozialpädagogik* entwickelt. Ihr liegt eine Herausforderung des Schulwesens Ende des 19. Jahrhunderts zugrunde. Der gesellschaftliche Wandel, Industrialisierung und Verstädterung hatten traditionelle Bindungen gelöst. Die Vereinzelung der Menschen, der Verlust an Gemeinschaft und nicht zuletzt ein bedrohlicher Klassenkampf beschäftigte die Pädagogen in Deutschland: die junge Generation sollte gegen diese Herausforderungen gewappnet werden. Man diskutierte nach 1890 für die Schule eine soziale Pädagogik. Statt individualpädagogisch auf die innere und äußere Zucht der Schüler zu setzen, wurde nun sozialpädagogisch in der Bildung auf „Sozialisierung" der jungen Menschen, auf ihre Erziehung zur Gemeinschaft, in Gemeinschaft und durch Gemeinschaft (Paul Natorp) Wert gelegt. Reformpädagogisch entstanden in Deutschland neue Schulformen wie die *Landerziehungsheime* und im Zuge der *Jugendbewegung* nach 1900 ließ sich die Sozialpädagogik außerschulisch in *Jugendpflege* und *Jugendfürsorge* realisieren.

12.1 Außerschulische Pädagogik in Jugendpflege und Jugendfürsorge

Nach dem Weltkrieg begannen aus der Jugendbewegung herkommende Pädagogen, sich der „Neugestaltung des Volkslebens" und der „Volksgemeinschaft" in Heimvolkshochschulen und ähnlichen Einrichtungen zu widmen. Pädagogik sollte in der „Kulturkrise" den Menschen „Lebenshilfe" leisten (Herman Nohl). Sozialpädagogen nahmen sich insbesondere der gefährdeten Jugend in Vereinigungen (der

© Der/die Herausgeber bzw. der/die Autor(en), exklusiv lizenziert durch Springer Fachmedien Wiesbaden GmbH, ein Teil von Springer Nature 2020
W. R. Wendt, *Kurze Geschichte der Sozialen Arbeit,* essentials, https://doi.org/10.1007/978-3-658-30353-2_12

„bündischen Jugend" und proletarischer Jugendgruppen) und in Einrichtungen der Fürsorgeerziehung an. 1922 erging das Reichsjugendwohlfahrtsgesetz; ein Jugendgerichtsgesetz folgte.

Die als Wohlfahrtspflege deklarierte soziale Fürsorge in den Ämtern überließen die Sozialpädagogen den Frauen – soweit es sich eben nicht um Jugendfürsorge und Jugendpflege handelte. Dafür gab es die Jugendleiter-Ausbildung. Geisteswissenschaftlich inspiriert, sollte eine positive aufbauende Pädagogik in der Weimarer Zeit „Volkserziehung" auf dem Gebiet der Fürsorge leisten. Abschließend legte Gertrud Bäumer 1929 im „Handbuch der Pädagogik" fest: Sozialpädagogik ist außerschulische Erziehung, nämlich „alles, was Erziehung, aber nicht Schule und nicht Familie ist". Die Pädagogik hatte sich in diesem Handlungsbereich eingerichtet; das Soziale in den Zuständen der Gesellschaft war ihr Thema nicht. Erst Jahrzehnte später vermeldete im Zuge der Neuen sozialen Bewegungen die deutsche Erziehungswissenschaft eine sozialwissenschaftliche Wende und die akademische Sozialpädagogik schloss in Theorie und Lehre zur Sozialen Arbeit auf.

Der Krieg und die Wohlfahrt

13

1914–1933

Sozialpolitische Erörterungen, wie die Wohlfahrt der Bevölkerung abzusichern und zu fördern sei, reichten nach 1900 über die vorhandene Armenpflege hinaus. Der *Minority Report* der britischen Sachverständigenkommission zur Reform der Armengesetze schlug 1909 vor, eine differenzierte Versorgung an die Stelle der Armenpflege einzuführen und jedem Menschen ein „national minimum" eines zivilisierten Lebens zu garantieren. In Deutschland begann man die lange ehrenamtlich betriebene Armenpflege Behörden zu übertragen, die auf kommunaler Ebene (im sogen. „Straßburger System") über Hilfen entschieden und speziell in der Jugendfürsorge zuständig wurden. Reformen waren im Gange, aber ihre Durchsetzung erzwang erst der Krieg.

13.1 Von der Armenpflege zur Wohlfahrtspflege

Mit dem Beginn des Weltkriegs wurde für die Angehörigen der Soldaten eine „Kriegsfürsorge" nötig, die sich positiv von der Armenpflege abhob. Nach der allgemeinen Mobilmachung konnte die Unterscheidung einer besseren von einer schlechteren Unterstützung nicht lange bestehen bleiben: 1915 wurde im Deutschen Reich „für die Zeit des Krieges die Armenpflege auf das Niveau der Kriegsfürsorge gehoben". Das war nicht rückgängig zu machen – und beendete die überkommene Armenpflege. Die öffentlichen und privaten Akteure gingen dazu über, allgemein von *Wohlfahrtspflege* zu sprechen. Sozialarbeiterinnen erhielten, gegen ihren Einspruch, 1918 die Bezeichnung „Wohlfahrtspflegerinnen" und aus den Sozialen Frauenschulen wurden „Wohlfahrtspflegerinnenschulen".

© Der/die Herausgeber bzw. der/die Autor(en), exklusiv lizenziert durch Springer Fachmedien Wiesbaden GmbH, ein Teil von Springer Nature 2020
W. R. Wendt, *Kurze Geschichte der Sozialen Arbeit*, essentials, https://doi.org/10.1007/978-3-658-30353-2_13

Für die „Volkswohlfahrt" war der Aufbau einer Infrastruktur nötig, angefangen beim kommunalen Wohlfahrtsamt; hinzu kamen das Jugendamt und das Gesundheitsamt, auch Wohnungsamt und Arbeitsamt. Rechtlich entstand in Deutschland (mit dem Reichsjugendwohlfahrtsgesetz 1922, dem Jugendgerichtsgesetz 1923, der Reichsverordnung über die Fürsorgepflicht und die Reichsgrundsätze über die Voraussetzungen, Art und Maß der öffentlichen Fürsorge 1924) ein normatives Gerüst für einen funktionierenden *Wohlfahrtsstaat*. Es fehlte jedoch an den materiellen Mitteln für sein Gedeihen. Immerhin ließ sich auf der organisatorischen Ebene eine tragfähige duale Struktur im Neben- und Miteinander von *öffentlicher Wohlfahrtspflege* des Staates und der Kommunen und *freier Wohlfahrtspflege* erreichen, die ihre Kräfte in den Verbänden der Inneren Mission, der Caritas, des Roten Kreuzes, der Arbeiterwohlfahrt, des Jüdischen Wohlfahrtsverbandes und (später) des Paritätischen Wohlfahrtsverbandes sammelte und sich zu ihrer Finanzierung auf das Subsidiaritätsprinzip berief.

Von der Sozialen Arbeit her wurde die Wohlfahrtspflege als „Dienst am Volksganzen" propagiert. In Übereinstimmung mit dem internationalen, insbesondere amerikanischen, Verständnis der Berufsarbeit hielten ihre Vertreterinnen an dem Auftrag fest, mit den personenbezogenen Hilfestellungen am Zustand der Gesellschaft zu wirken. Dieses Verständnis fand 1930 Eingang in die „Richtlinien für die Lehrpläne der Wohlfahrtsschulen" des Preußischen Ministeriums für Volkswohlfahrt:

> „Alle soziale Arbeit ist Dienst an der Gesellschaft. Sie richtet sich gegen die Schäden und Ungerechtigkeiten, die im Ablauf des gesellschaftlichen und wirtschaftlichen Lebens dem Einzelnen oder ganzen Schichten zustoßen. In ihr lebt der Gedanke der Gerechtigkeit, der Wiedergutmachung, des Ausgleichs, der Menschenliebe. Aber alle soziale Arbeit ist zugleich Dienst am Menschen, d. h. am Einzelmenschen." (Richtlinien 1930, S. 4)

Der Alltag von Fürsorgerinnen im Außendienst der Ämter ließ allerdings vom gesellschaftlichen Anspruch wenig erkennen. International vertrat die Soziale Arbeit ihn, so auf der *Premiére Conférence international du service social* 1928 in Paris.

13.2 Schweden: Wohlfahrt im Volksheim

Nicht betroffen vom Weltkrieg, konnte Schweden seit den 1920er Jahren kontinuierlich ein wohlfahrtsstaatliches Regime entwickeln. Die regierende Sozialdemokratie belegte es mit dem Begriff *Volksheim* und realisierte schrittweise eine Gestaltung des Sozialen in einem „guten Heim für alle Schweden".

Es schloss eine eugenische Bevölkerungspolitik ein und gab Sozialer Arbeit eine breite Zuständigkeit.

Das Volksheim-Konzept verknüpft die gesellschaftliche Wohlfahrt *(societal well-being)* mit der individuellen Wohlfahrt der Bevölkerung *(social well-being)*. Geborgenheit und Absicherung im gemeinsamen „Heim" ist ein wesentlicher Faktor subjektiv erfahrener Lebensqualität und guten Befindens. Gemeinsames und gerecht ausgewogenes gutes Ergehen schafft sozialen Zusammenhalt.

Dem schwedischen Muster ähnelt die Auffassung wohlfahrtsbezogener Politik und Praxis in anderen, nicht nur skandinavischen Ländern – mit Konsequenzen für die Stellung sozialer Profession. In Frankreich hat sich in der Praxis nationaler Solidarität die Unterscheidung von *action sociale* und *travail social* ergeben. *L'action sociale* bedeutet eine Eigenregulierung der Gesellschaft in der Gestaltung der Infrastruktur ihrer Versorgung und Reform mit all den Maßnahmen, die dafür eingeführt sind, während *travail social* personenbezogenes Helfen meint und das berufliche Handeln in Fürsorge, Jugendhilfe und sozialkultureller Animation umfasst.

Faschistische Volkspflege

14

1933–1945

Der Nationalsozialismus propagierte auf sozialem Gebiet die Wohlfahrt der „Volksgemeinschaft". In ihr sahen die Nazis alle „rassisch" deutschen (arischen) „Volksgenossen" vereint. „Fremdrassigen" Menschen, insbesondere den jüdischen Mitbürgern, wurden ihre Rechte aberkannt. Es folgte eine Pervertierung des Sozialen in Ausgrenzung und Vernichtung. Gesetze untermauerten die Rassenpolitik („Gesetz zum Schutze des deutschen Blutes und der deutschen Ehre", Reichsbürgergesetz, „Gesetz zum Schutz der Erbgesundheit des deutschen Volkes" 1935). Von den Vorstellungen einer sozialdarwinistischen Eugenik und Rassenhygiene geprägt, sollten die „Erbgesunden" geschützt und „Krankhafte", „Minderwertige" und „Asoziale" ausgemerzt werden.

Soziale Einrichtungen und Maßnahmen hatten dem „Volk", seiner Stärkung und „Hochzüchtung" zu dienen. Von den Gefälligkeiten des „nationalen Sozialismus" (Aly 2005) profitierte denn auch ein Großteil der Bevölkerung. Organisatorisch wurde für Aufgaben der sozialen Unterstützung die *Nationalsozialistische Volkswohlfahrt* (NSV) zuständig; die Gesundheitsämter hatten ab 1934 mit der „Erb- und Rassenpflege" zu tun, es gab das „Hilfswerk Mutter und Kind" und neue Dienste vor allem für Mütter; die Arbeitslosigkeit wurde durch den *Reichsarbeitsdienst* (RAD) aufgefangen („Alle jungen Deutschen beiderlei Geschlechts sind verpflichtet, ihrem Volke im Reichsarbeitsdienst zu dienen"), für Erholung sorgte die Organisation „Kraft durch Freude"; die Jugendarbeit übernahm die Hitlerjugend.

Aus der Sozialen Arbeit wurde die *Volkspflege*. Nicht individuelle Not, sondern das Volksganze sollte sie im Blick haben und „gesunden Familien" und „wertvollen Volksgenossen eine zusätzliche Hilfe" leisten. Die vorherigen Wohlfahrtspflegerinnen hießen nun (ihre führenden Vertreterinnen emigrierten) Volkspflegerinnen. Auf ihren Schulen verinnerlichten sie nationalsozialistische Ideologie und Rassenhygiene. Zumeist willfährig in ihrer Arbeit, hatten sie Teil an der unmenschlichen faschistischen Politik.

Soziale Sicherheit im demokratischen Wohlfahrtsstaat

1942–1980

Die Bedrohung durch das totalitäre System des Faschismus und des Kommunismus veranlasste die liberale Demokratie, einer wohlfahrtsstaatlichen Ordnung nicht länger zu widerstreben. Mitten im Weltkrieg erschien in Großbritannien 1942 der *Beveridge Report* mit einem „Plan für Soziale Sicherheit". William Beveridge sah eine universale, umfassende und angemessene Versorgung der Bevölkerung mit sozialen Diensten vor. Sie sollte in Bekämpfung der von William Beveridge genannten „fünf Riesen" *want, disease, ignorance, squalor, idleness* den Bedarf an

- einem angemessenen Einkommen
- Zugang zur gesundheitlichen Versorgung
- Zugang zu Bildungsmöglichkeiten
- angemessener Versorgung mit Wohnraum
- einträglicher Erwerbstätigkeit

decken. Das Programm von Beveridge wurde in Großbritannien von 1945 bis 1948 umgesetzt und bildet seitdem international und alternativ zu Bismarcks Versicherungssystem das konzeptionelle Fundament des demokratischen Wohlfahrtsstaats (Hills et al. 1994; Timmins 1995).

W. R. Wendt, *Kurze Geschichte der Sozialen Arbeit,* essentials, https://doi.org/10.1007/978-3-658-30353-2_15

15.1   Die Entfaltung der Dienste und Dienstleistungen

Mit der Etablierung des Systems der sozialen Absicherung und Daseinsvorsorge sind vielfältige *social services* (Dienste und Leistungen) entstanden, die man gewöhnlich den sechs Bereichen

- *income transfer*
- *health*
- *education*
- *housing*
- *workforce development*
- *personal social services*

zuordnet. An sie sind *soziale Rechte* geknüpft. Die Handlungsfelder geben an, worin Soziale Arbeit neben Geldleistungen hauptsächlich eingesetzt wird. Sie hat entsprechend Personalstellen im Gesundheits- und Erziehungswesen, im Wohnungswesen und zur Integration in Beschäftigung zugewiesen bekommen, unterschiedlich im internationalen Vergleich gemäß der Strukturierung des einen oder anderen wohlfahrtsstaatlichen Arrangements oder „Wohlfahrtsregimes" (Esping-Andersen 1990).

Fachlich erfolgte eine *Spezialisierung* der Sozialen Arbeit in diversen Diensten zur Beratung, Behandlung, Betreuung, Unterstützung und Förderung. In der Praxis stellte sich bald heraus, dass die Probleme, denen die personenbezogene Arbeit begegnet, meist vielseitig sind. Die komplexe Aufgabenstellung erfordert *Generalisten*. Reformen der dienstlichen Strukturen in England, Frankreich und weiteren Ländern führten nach 1970 zur Einrichtung von *polyvalenten* Diensten und Sozialzentren, in Deutschland zum Allgemeinen Sozialdienst (ASD). Der quantitative und qualitative Ausbau betraf auch das Selbstverständnis der Fachkräfte, denen lange noch das Bild der bevormundenden „Fürsorgerin vom Amt" anhing.

Neue soziale Bewegungen

16

1960–1980

Soziale Bewegungen haben von jeher Impulse für die Soziale Arbeit gegeben oder – wie im *Progressive Movement* um 1900 – direkt ihr Werk *(social work)* hervorgebracht. Vor der Professionalisierung helfender Tätigkeit wurde sie stimuliert unter anderem von der christlichen Erneuerungsbewegung, der Arbeiterbewegung und der Universitätsausdehnungsbewegung im Übergang zum *settlement work*. Sodann veranlasste die bürgerliche Frauenbewegung die berufliche Ausbildung der Mitwirkenden an den Werken der Fürsorge. Als um 1960 die Theoretiker der „Neuen Linken" (Herbert Marcuse voran) eine Stagnation im Wohlstand konstatierten, war die Zeit für neue Bewegung gekommen.

Die *Neuen sozialen Bewegungen* bestimmen auch die Rolle der Sozialen Arbeit im gesellschaftlichen Wandel neu. In ihm geht das *soziale* Vorhaben der *Funktion* voran, die beruflich ausgeübt wird. Es greift sie auf, interpretiert und prägt sie. Mit den Bewegungen gemeint sind im wesentlichen

- die Bürgerrechtsbewegung,
- die Jugendprotest- und Studentenbewegung (die „68er"),
- die (zweite) Frauenbewegung,
- die Alternativ- und Ökologiebewegung.

Eine weitere Differenzierung der Bewegungen ist möglich. Sie gehen auseinander hervor und nehmen ihren Anfang im antirassistischen *civil rights movement* in den USA seit den 1950er Jahren in den USA. Ihnen gemein ist das Streben nach Selbstbestimmung und Individualität und der Widerstand gegen etablierte Autoritäten und die Konformität, die sie verlangen.

W. R. Wendt, *Kurze Geschichte der Sozialen Arbeit*, essentials, https://doi.org/10.1007/978-3-658-30353-2_16

Der Sozialen Arbeit vermittelten die neuen Bewegungen einen Geltungsanspruch, den die Profession zuvor nur während des Progressive Movement in den
USA erheben konnte. Nach 1960 war Soziale Arbeit als *change agent* im Prozess
gesellschaftlicher Veränderung gefragt. Was die Profession mit dem Anspruch an
sie gewann, blieb eine von dem Streben nach Wandel geborgte Bedeutung.

16.1 Bürgerrechtsbewegung

In den USA wollten die Afroamerikaner endlich ihr Recht. Das *Civil Rights
Movement* begann mit kleinen Aktionen. 1955 weigerte sich Rosa Parks, die
Rassentrennung in einem Bus anzuerkennen. Vor Gericht konnte die Dis-
kriminierung nicht bestehen. Der gewaltfreie Kampf gegen sie verlief über den
„Marsch auf Washington für Arbeit und Freiheit" unter Führung von Martin
Luther King 1963 – mit den Zielsetzungen rechtliche Gleichstellung, Arbeits-
beschaffung, faire Beschäftigung, Wohnungsversorgung, Ausübung des Stimm-
rechts, integrierte Bildung – und mit weiteren Aktionen, bis Martin Luther King
1968 ermordet wurde. Die Bürgerrechtsbewegung erreichte eine weitgehende
Gleichstellung der afroamerikanischen Bevölkerung. Professionelle Soziale
Arbeit wirkte daran sozialanwaltlich mit *Empowerment* als einem Konzept zur
Selbstermächtigung und Partizipation der Benachteiligten und u. a. in Weisen der
Gemeinwesenentwicklung in benachteiligten Stadtteilen mit.
  Für die Soziale Arbeit sind *Advocacy* und *Empowerment* zu Prinzipien beruflichen Handelns geworden. Gegen *Rassismus* in jeder Form wird vorgegangen;
seine Verbreitung wird nicht nur in Beziehung auf Hautfarbe und Ethnie
angenommen. Benachteiligte Personengruppen sollen begünstigt werden: In den
USA kommt es in der Nachfolge der Bürgerrechtsbewegung zur *Affirmative Action,*
einer positiven Diskriminierung zum Ausgleich von Benachteiligung. In Europa entstand im Streben nach demokratischer Partizipation eine *Bürgerinitiativbewegung*
mit vielen Aktivitäten, später im Übergang zu zivilgesellschaftlichem Engagement.

16.2   Protest- und Studentenbewegumg – die 68er

Verlief die *Emanzipation* der (akademischen) Jugend von der älteren Generation
und den alten Institutionen (dem „Establishment") zunächst nur kulturell, nahm
sie in den 1960er Jahren bei Beteiligung an der Bürgerrechtsbewegung und im
Protest gegen den Vietnamkrieg einen politischen Charakter an. Die studentische

„außerparlamentarische Opposition" klärte über Macht- und Herrschaftsverhältnisse auf und suchte Befreiung von ihnen in einer ansatzweise revolutionären Praxis um und nach 1968.

Ideologisch von der Neuen Linken bestimmt, wurde in einer „Randgruppen-strategie" gegen Benachteiligung und Unterdrückung vorgegangen. Man „befreite" Fürsorgezöglinge und brachte sie in Wohngemeinschaften unter, wies den Weg zu einer „demokratischen Heimerziehung", wandelte Einrichtungen der Jugendarbeit in selbstverwaltete Jugendzentren um, forcierte in der Kinderladen-Bewegung eine „antiautoritäre" Praxis in der Vorschulerziehung, betrieb eine antipsychiatrische Aufklärung und eine „demokratische Psychiatrie" (in Italien). Die Kampagne mündete in den Prozess der *Deinstitutionalisierung* (Entlassung behinderter und psychisch kranker Menschen aus Anstalten) in vielen Ländern in den 1970er Jahren.

Eine hohe Zeit der Reflexion und der Arbeit an Texten (vgl. Felsch 2015) innerhalb und außerhalb von Hochschulen führte in Deutschland zu einer theoretischen Auseinandersetzung mit der im gesellschaftspolitischen Kontext sozial geleisteten Arbeit – kritisch und konfliktorientiert. Der akademische Diskurs zu ihr wurde breiter mit der Errichtung der Fachhochschulen ab 1970. An sie berief man im Bereich Sozialwesen viele in der Studentenbewegung sozialisierte Professoren. Sie nahmen die zuvor aus ihrer Sicht theorielose Fürsorge in die Mangel soziologischer, pädagogischer und psychologischer Disziplinen.

Der Theoriediskurs zum Selbstverständnis Sozialer Arbeit setzte die gesell-schaftstheoretische Kontroverse fort, die musterhaft von Jürgen Habermas und Niklas Luhmann geführt wurde, in welcher Auseinandersetzung über vernunft-geleitete Emanzipation versus systemgebundenem Funktionieren (Habermas und Luhmann 1971) zunächst die Auffassung Zuspruch fand, Soziale Arbeit müsse kritisch ihr „doppeltes Mandat" und ihre Funktion im „herrschenden System" erkennen und sich gegen es und ihre, Herrschaft stabilisierende, Rolle in ihm wenden. Selber lohnabhängig, sollen die Professionellen sich auf die Seite der Lohnabhängigen, benachteiligter Randgruppen und Ausgeschlossenen stellen und deren Interessen vertreten.

Die 68er haben viele Anstöße für gesellschaftlichen Wandel gegeben, für Mündigkeit gesorgt, Minderheiten Raum gegeben und die Demokratisierung nachgerade in Bereichen der Fürsorge vorangebracht. Der Komplexität der Probleme wurden sie damit nicht gerecht und die versuchten Lösungen hatten nicht selten andauernde negative Folgen.

16.3   Gender im Fokus: die Frauenbewegung

An der amerikanischen Bürgerrechtsbewegung beteiligte Frauen nahmen wahr, dass es nicht nur einen Rassismus gibt, der sich an Herkunft und Hautfarbe hält, sondern auch eine Diskriminierung des Geschlechts wegen: *Sexismus,* wie erstmals 1965 gesagt wurde. 1966 gründete Betty Friedan (1921–2006), die zuvor in *The Feminine Mystique* die Reduktion der weiblichen Rolle auf die der Hausfrau und Mutter kritisiert hatte, die *National Organization for Women* (NOW), die einflussreich die Interessen von Frauen zu vertreten begann. Die Bewegung der Frauen erhielt international einen Schub von den emanzipatorischen Bestrebungen der 68er., allerdings mit der Feststellung, dass es auch von Links nur Männer waren, die in den Auseinandersetzungen dominierten und die Belange von Frauen als „Nebenwiderspruch" abtaten. Dies wurde exemplarisch in der Frage (der Strafbarkeit) des Schwangerschaftsabbruchs deutlich.

Die Frauenbewegung hat der Sozialen Arbeit die Wiederentdeckung der Profession als Frauenberuf gebracht, die Einrichtung von Frauenhäusern, Frauengesundheitszentren, die Neubewertung der Prostitution, die Begründung einer eigenen Mädchenarbeit (und Jungenarbeit), die Wahrnehmung sexueller Gewalt. Feministische Wissenschaft nahm sich der Sorgeverhältnisse (in der unbezahlten Hausarbeit und jeder Art Betreuung und Pflege) an und eröffnete die *Gender*-Perspektive, die politisch zur Strategie des Gender Mainstreaming führte, beschlossen 1995 auf der UN-Weltfrauenkonferenz. Zugespitzt wurde die Gender-Debatte von Judith Butler („Gender Trouble", 1990); sie folgerte aus ihrer Kritik der Zweigeschlechtlichkeit, jede(r) solle die eigene Geschlechtsidentität – Stichwort *Queer* – selbst bestimmen können.

Sozialer Arbeit und sozialem Wirtschaften hat der Feminismus einen beständigen Impuls zur Befassung mit *Care,* den Strukturen und der Bewertung des Sorgens und der Versorgung gegeben, welcher die Profession angehört und in der sie ihre Stellung zur Sorgearbeit zu klären hat.

16.4   Das Ergrünen der Alternativen

Bereits in der Gegenkultur der Jugend und in der Protestbewegung der 1960er Jahre gab es die Neigung mancher Gruppen (z. B. der Hippies in Kalifornien), sich „dem System" zu verweigern, aus ihm „auszusteigen" und „anders zu leben". 1970 feierten sie den *Earth Day;* 1971 wurde *Greenpeace* gegründet. Der Industrie- und Konsumkritik gab der Bericht „Die Grenzen des Wachstums" des Club of Rome 1972 einen weiteren Anstoß. Das Milieu der Alternativen, der Sponti-Gruppen, Stadtindianer und Umweltschutzinitiativen verband sich in einer bunten Szene von Projekten anderen Wirtschaftens, geknüpft in „kleinen Netzen", und anderer Lebensweise in kommunitärer Praxis.

Alternative Vorhaben befruchteten die Soziale Arbeit u. a. mit den Wohnprojekten städtischer Hausbesetzer, der Einrichtung von Jugendfarmen, mit der Erlebnispädagogik und mit der alternativen Drogenhilfe Zunehmend ökologisch fundiert, beeinflusste die Bewegung die Theorieentwicklung und die sozialpolitische Debatte – in Deutschland nach Gründung der Partei „Die Grünen" 1980.

Die Neuen sozialen Bewegungen generell beförderten Liberalität, einen bewussten Aktionismus, die Anerkennung von Vielfalt *(diversity)* und eine positive Diskriminierung *(affirmative action)* zur Behebung von Benachteiligung und ungerechten Verhältnissen.

1980–2010

Um 1980 war mit Reformen sozial viel erreicht und Soziale Arbeit im wohlfahrtsstaatlichen System etabliert. Indes hatten sich die Impulse der politischen Linken in sozialen Belangen erschöpft (und bald ging auch der „real existierende Sozialismus" im Osten unter). Neokonservative Kräfte gewannen in einer „geistigen Wende" die Oberhand und neoliberale Argumente fanden Zuspruch im westlichen Staatswesen. Margaret Thatcher in England und Ronald Reagan in den USA regierten. Thatcher verlangte eine marktwirtschaftliche Ausrichtung auch der öffentlichen Dienste, leitete die Privatisierung von Staatsunternehmen ein und bremste die Ausgaben für soziale Zwecke. Der freie Unternehmer und Manager wurde zum Vorbild auch der individuellen Selbsthilfe und Selbstoptimierung. Leitbild ist nun der eigenverantwortliche „Unternehmer seiner selbst", der initiativ und flexibel seinem Erwerb nachgeht. Das neoliberale Staatswesen zeichnet sich durch eine „individualisierende Neuerfindung des Sozialen" aus (Lessenich 2008, S. 72).

Auf der Organisationsebene bedeutet der *Managerialismus* (Enteman 1993) eine Anwendung von Management-Techniken aus der Sphäre der Erwerbsunternehmen in allen Bereichen öffentlicher Dienste zur Erhöhung ihrer Effektivität und Effizienz. So nachgerade im Gesundheitswesen und im Sozialwesen. *New Public Management,* wirkungsorientierte Verwaltungsführung, lieferte den konzeptuellen Rahmen für die Umsteuerung des Versorgungssystems. In ihm wie ihm gegenüber im Leben von uns allen stehen die Sozial- und Gesundheitsdienste vor zunehmend komplexen Problemen, denen organisatorisch mit einem *Care Management* und fallbezogen mit einem *Case Management* beizukommen ist. Im Verfahren soll wirkungsorientiert, ressourcenbewusst, evidenzbasiert, qualitätsgeprüft, ökonomisch rechenschaftsfähig gehandelt werden. Die vorher per Kostenersatz finanzierten sozialen Einrichtungen und Dienste firmieren nun marktorientiert und in Konkurrenz zueinander als *Sozialunternehmen*.

In der Sozialarbeiterschaft ist diese Entwicklung heftig kritisiert worden. Die *Ökonomisierung* im Sozial- und Gesundheitswesen erfolge zulasten der Bedürftigen. Der Staat ziehe sich aus sozialen Verpflichtungen zurück und verlange als „aktivierender Sozialstaat" von Leistungsberechtigten, dass sie sich systemgerecht verhalten. Beklagt werden vor allem die gesetzlichen Regelungen in vielen Ländern zur Beschäftigungsförderung (*workfare* statt *welfare*). In Deutschland sind die „Hartz-Gesetze" seit 2004 Gegenstand von Kritik und Protest. Immerhin entwickelt sich mit den Jahren in der Sozialen Arbeit der Sinn für Wirkungsorientierung, Planung, Steuerung und generell für Organisation. Unbenommen bleibt der Profession bei allem Management ein sozialanwaltliches Eintreten für ihre Klientel. Ihre sozialen Rechte soll Soziale Arbeit vertreten, konzipiert nun als *Menschenrechtsprofession*.

Ziviles Engagement und soziales Handeln

18

1990–2015

Zeitlich parallel zum neoliberalen Kurs nach 1980 erfolgte in Europa eine Wiederentdeckung der *Bürgergesellschaft*. Als ihr Kern erschien das zivile Engagement von Bürgern, die sich aus eigenem Interesse zusammenfinden und Aufgaben im Gemeinwesen wahrnehmen. Was ursprünglich (in der Zeit der Aufklärung) Gesellschaft hieß, tritt in der konkreten Form von Nichtregierungs-Organisationen wieder auf. Neben den Domänen von Markt und Staat bilden sie den „Dritter Sektor", in dem in autonomer gemeinnütziger Betätigung an Belangen gewirkt wird, die in sozialen Diensten professionell behandelt werden. Soweit diese zum Leistungsspektrum der öffentlichen Hand gehören, wird kritisch im zivilen Diskurs wie neoliberal danach gefragt, welche von ihnen besser in ziviler Selbstorganisation (etwa genossenschaftlich bzw. „sozialwirtschaftlich") zu leisten wären. Auch in ziviler Perspektive ist ein Wohlfahrtsstaat, der auf die ständige Erweiterung des Systems der Dienste baut, in der Krise. „Konzipiert im Namen des Sozialen, hat sich der Wohlfahrtsstaat auf Kosten des wirksamen Lebens der Gesellschaft entwickelt" (Donzelot 1984, S. 224)

Mit den zivilgesellschaftlichen Organisationen, mit Initiativen und Gruppen gemeinschaftlicher *Selbsthilfe* und dem *bürgerschaftlichen Engagement* einerseits und der beruflichen Sozialen Arbeit andererseits steht das Soziale in doppelter Sachwalterschaft zur Disposition. Verträgt sich „Bürgerschaftlichkeit mit Professionalität" (Hering 2007), ergänzen oder konkretisieren sie einander? Soziale Arbeit braucht zivilgesellschaftliche Unterstützung. Berufsvereinigungen sehen indes Verdrängung am Werk, eine Tendenz zur *Deprofessionalisierung*. Nicht zuletzt ihr gegenüber ist die *Wissenschaft der Sozialen Arbeit* gefragt.

Dass Sozialarbeit über eine eigene Disziplin verfügt, bestritt in Deutschland lange die akademische Sozialpädagogik. Sie und andere „Bezugsdisziplinen"

herrschten in der Ausbildung zur Sozialarbeit an Fachhochschulen vor. Eine
Emanzipation der Lehre in Wissenschaft und Forschung stand an. 1989 wurde die
Deutsche Gesellschaft für Soziale Arbeit gegründet.

18.1 Berufliche Vielfalt im Feld

Begrifflich wie praktisch hat Soziale Arbeit als Profession die Schwierigkeit, ihre
Identität in der Ausweitung der humanberuflichen Szenerie zu behaupten. Als ein
Werk, das auf vielfältige Weise zustande kommt, lässt sich *social work* darstellen.
Aber damit ist ein berufliches Alleinstellungsmerkmal nicht ausgewiesen. Der
Sozialen Arbeit kann ein Ensemble vieler Berufstätigkeiten zugerechnet werden
oder sie ihm – auf Gebieten der Beratung, der Pflege, der außerschulischen
Erziehung, des Kinderschutzes und der Jugendarbeit, der rechtlichen Betreuung,
der Krisen- und Konfliktbearbeitung, der Familien-, Wohnungslosen-, Drogen-
und Flüchtlingshilfe, der Resozialisierung, der Rehabilitation, der sozial-
kulturellen Animation. Die Kompetenzen haben eine je spezifische Entwicklung
genommen und viele treten in der Praxis wie in der amtlichen Statistik der Berufe
gar nicht unter dem Titel Soziale Arbeit auf. Das Bild von ihr verschwimmt. Die
formelle, dienstlich organisierte Berufstätigkeit überschneidet sich zudem mit der
informellen Sorgearbeit, freiwilligem Einsatz und Bürgerengagement.

Um der Auflösung des Berufsbildes entgegenzuwirken und innerhalb der
Profession disziplinäre Schwerpunkte zu setzen, sind seit den 1990er Jahren
Konzepte einer *Fachsozialarbeit* vorgelegt worden. Ihre Gebiete sind insbesondere
die Klinische Sozialarbeit (als *clinical social work* in den USA seit 1978 anerkannt),
die Schulsozialarbeit und die Flüchtlingsarbeit bzw. Integration von Migranten.
International gibt es auch andere Abgrenzungen bzw. Zuordnungen (für die Jugendarbeit, die Gemeinwesenarbeit, die Familienhilfe, die soziokulturelle Animation
etc.). Im berufspolitischen Diskurs kann über solche Differenzierung hinweg-
gesehen werden; Soziale Arbeit wird von ihren Vertretern anders kommuniziert als
sie praktiziert wird.

Mit ihrer Problembewältigung und in dienstlicher Funktion ist Soziale Arbeit
durchweg *reaktiv* gefragt. Ideell und in der Lehre hält sie über hundert Jahre
nach ihrer Selbstfindung in der Progressive Era an einer Rolle als Katalysator
gesellschaftlicher Veränderung fest. Sie findet weltweit ihr Alleinstellungsmerkmal in einem *proaktiven* Einwirken auf die Gesellschaft und die Sozialpolitik. (Banks 1999) In der 2014 von den internationalen Verbänden IFSW und
IASSW verabschiedeten *Global Definition of Social Work* heißt es:

„Soziale Arbeit ist eine praxisorientierte Profession und eine wissenschaftliche Disziplin, dessen bzw. deren Ziel die Förderung des sozialen Wandels, der sozialen Entwicklung und des sozialen Zusammenhalts sowie die Stärkung und Befreiung der Menschen ist."

18.2 Teilhabe und Inklusion als leitende Prinzipien der Arbeit im Sozialen

Auf dem Weg zur Besserung von Verhältnissen und zur Wohlfahrt steht Soziale Arbeit den Menschen in den Herausforderungen des Lebens zur Seite und nimmt sie auf diesem Weg mit. Handlungsleitend sind dafür nach 2000 die Prinzipien der *Teilhabe* und *Inklusion* geworden. Eingliederung (Integration) war zwar schon zuvor ein soziales Ziel, nun wird im Zusammenleben eine gleichberechtigte und selbstbestimmte Einbeziehung der Menschen in ihrer Verschiedenheit verlangt. Statt Ausgrenzung und Entmündigung soll Partizipation ermöglicht und in allen Lebensbereichen wirkliche Teilhabe erreicht werden. So fordert es die *UN-Behindertenrechtskonvention,* in Kraft seit 2008. Sie hat zivilgesellschaftlich, organisatorisch und fachlich viele Neuerungen nach sich gezogen – vom Schulwesen bis zur Psychiatrie.

Teilhabe und „Inklusion als Menschenrecht" vertieft die Anerkennung von Pluralität und Diversität und wirkt im professionellen Umgang mit Menschen einer Pathologisierung und Therapeutisierung entgegen. Im Bildungswesen wird die Bandweite der Förderung größer. Im öffentlichen Raum ist Barrierefreiheit gefordert. Partizipation ist auch eine Voraussetzung für die schrittweise Ablösung stationärer Versorgung durch ambulante und schließlich häusliche Problembewältigung in Zusammenwirken von Fachkräften und der Menschen, die der Behandlung, Unterstützung und Begleitung bedürfen. Der Übergang in Teilhabe ist im Versorgungssystem variantenreich – in Form von *Betreutem Wohnen* anstelle von Heimen, bei *Sozialraumorientierung* in der Jugendhilfe, im psychiatrischen *Home Treatment,* im Arbeitsleben in *Sozialgenossenschaften* (musterhaft in Italien seit 1991), in England in Einbindung von beruflicher Sozialarbeit in weitergefasstes *social care work* und in integrierter Versorgung (Miller 2019), schließlich in Form von *Sorgegemeinschaften* zur Bewältigung von Pflegebedürftigkeit.

Virtuell im Netz. Lösung und Bindung des Sozialen

19

2000 ff.

Das Spektrum sozialer Betätigung wird breiter, aber der Bezugsrahmen unklarer, in dem sie erfolgt. Zu konstatieren ist ein Verschwinden von Gesellschaft (vgl. Wendt 2019, S. 151 ff.). Die Sozialwissenschaft fragt, ob Beziehungen existieren, die spezifisch genug sind, um „sozial" genannt und einem Bereich zugeordnet zu werden, der als „Gesellschaft" fungiert (Latour 2007, S. 2). Gefunden werden Netze, in denen kommuniziert wird. Sozial wird an sie angeknüpft. Menschen vernetzen sich und die Soziale Arbeit verhilft dazu. „Netzwerken" – sowohl im informellen Nahbereich von Personen als auch im verzweigten Versorgungs- und Dienstleistungssystem – wird zu einer zentralen Kompetenz für sie. Soziale Arbeit begibt sich in eine Pflege von Beziehungen überall da, wo es Menschen an ihnen mangelt, wo sie *ohne Anschluss* sind oder *keinen Zugang* haben – online wie im realen Leben.

Die nach 2000 rasch fortschreitende *Digitalisierung* definiert neu, worin soziales Geschehen sich entfaltet. Das Soziale tritt „im Netz" auf, in seine Szenerie ist es eingebunden und es selbst erscheint als Netz der Verbindungen, die in virtueller Kommunikation geknüpft werden. Geräte und die Programme auf ihnen nehmen es dem Einzelnen ab, Gesellschaft zu suchen – um so mehr sie medial vorhanden ist. Zunehmend ergibt sich eine „digitale Vollautomatisierung des Sozialen" (Faßler 2014, S. 232). *Social media* nehmen uns in ihre virtuellen Gehäuse auf. Ihren Nutzern wird eine Fülle von Daten geboten, immer mehr auch zur persönlichen Beratung, Selbstkontrolle und Selbstbehandlung.

Für Soziale Arbeit ist diese Entwicklung ambivalent. Das digitale Netz ermöglicht auch den potenziellen Klienten der Sozialberufe und von Humandiensten, sich selber „einzuschalten" und auf deren Portalen professionell bereitgestellte Hilfen zu nutzen. Das einzelne Subjekt ist souverän in der Auswahl eines ihm passenden Angebots. Aber diese Selbstbestimmung geht leicht in einer Filterblase verloren und setzt sich sozialen Ansprüchen kaum aus. Dienstleistungen lassen sich online abrufen; wirklich zusammen finden sich Menschen in unmittelbarer Begegnung.

War anfangs Gesellschaft ein Geschehen, zu dem Menschen sich frei versammelten, schaffen in diesem emphatischen Sinn von Verbundensein die technologiegestützten Kommunikationsweisen heute und morgen keine Gesellschaft. Mit unseren Endgeräten angeschlossen an das digitale Netz, sind wir alle Einzelgänger. Prüfstein unserer Sozialität bleibt die aktive Beteiligung. Soziale Arbeit ist darauf angelegt, sie zu veranstalten. Für *sozialen Zusammenhalt* wird im realen Leben „analog" gesorgt, auch wenn die virtuelle Kommunikation ein Miteinander als Beiprodukt und in Krisenzeiten neue Erfahrung von Zugehörigkeit zu liefern scheint.

Sorgen im globalen Wandel

2000 ff.

Die Ausweitung des internationalen Handels und der Gütererzeugung, die weltweit freie Bewegung von Arbeit und Kapital und der technologische und ökonomische Wandel mit seinen Folgen insgesamt kennzeichnen eine *Globalisierung,* wie sie seit Ende des 20. Jahrhunderts diskutiert wird und für die soziale Aufgabenstellung bis 2020 bedeutsam geworden ist. Gesellschaftliche Entwicklungen und mit ihnen Krisen und soziale Verwerfungen halten sich nicht mehr an begrenzte geografische Räume. Geschäftsleute, Touristen und Migranten sind weltweit unterwegs. Folgen demografischen Wandels treten überall ein. Not im globalen Süden betrifft auch den Norden. Soziale und gesundheitsbezogene Dienstleistungen (z. B. in der Pflege) werden grenzüberschreitend angeboten und nachgefragt. So wie mobile und flexible Gutgebildete dorthin gehen, wo sich ihnen Chancen bieten, suchen notleidende Menschen sie an Orten erreichbarer Versorgung.

Die Dynamik des Wandels bestimmt über die sozial zu bearbeitenden Aufgaben. Ihr Spektrum erstreckt sich vom Ausprobieren einer anderen Lebens- und Wirtschaftsweise im Teilen und Pflegen von Gemeingütern, dem *commoning* (Bollier und Helfrich 2015; Euler 2018), über Interventionen in jeder Art von Konflikten und Krisen persönlichen und gemeinsamen Lebens bis zur Abdeckung von Grundbedürfnissen armer Menschen, von materieller Not nachgerade inmitten ausufernden Reichtums. Die Hilfestellung passt sich den Lebenslagen im Wandel an. Die *generalistische Natur* der Profession bewährt sich bei dieser Anpassung des Sorgens und der Versorgung. Soziale Arbeit zeichnet sich nicht durch die Spezifik der Probleme aus, mit denen sie beschäftigt wird, sondern in der wissenschaftlich reflektierten und ethisch fundierten Wahrnehmung dessen, was sozial gefragt ist. Daraus – bei aktuellen und in dauernden Herausforderungen – gewinnt die Profession ihren Auftrag.

2015 brachte in Europa die *Flüchtlingskrise* ein vielseitiges Zusammenwirken zivilen Engagements und sozialberuflichen Einsatzes mit sich, eine Verschränkung des Sorgens von offiziellen und informellen Stellen und auch die Neustrukturierung von Diensten, die sich der Integration von Geflüchteten und Zugewanderten widmen. Eine Sensibilisierung für *Interkulturalität* hat stattgefunden. Gleichzeitig war gesellschaftlich rechtspopulistischen Gruppierungen und extrem rechten Positionen zu begegnen, die sich gegen Migranten, andere Minderheiten und überhaupt „Fremde" wenden. Gehörte eine *Identitätspolitik,* die der Besonderheit und den Interessen benachteiligter oder ausgegrenzter Gruppen Rechnung trägt, lange zur Sozialen Arbeit, muss sie nun Differenz und Gemeinsamkeit vereinen und die Spannung von universalistischer Ausrichtung und kultureller, ethnischer und nationaler wie auch lokaler Besonderung aushalten.

Global sind es *ökologische* Gesichtspunkte, welche für die Orientierung Sozialer Arbeit heute und morgen leitend sein können. Globale Krisen – des Klimas, der Biodiversität, des Arbeitslebens, der Gesundheit bei einer Pandemie – gebieten ein haushaltendes Handeln und eine erweiterte Daseinsvorsorge. Zu ihr schließen Akteure auf jeder Ebene und in verschiedenen Sektoren sozialer Zuständigkeit auf und nehmen die Profession mit.

In einer ökologischen Transformation sollen die drei Säulen der Nachhaltigkeit *(sustainability)* Ökologie, Ökonomie und Soziales ausgewogen dahin wirken, dass die Lebensgrundlagen von Mensch und Umwelt erhalten bleiben. Die Aufgabe ist einerseits globaler Natur, andererseits eine, die in der persönlichen Lebensweise wahrzunehmen ist. Die generell sozial gestellte Aufgabe geht in die Wahrnehmung ökologischer Verantwortung über und sie wiederum bestimmt die Arbeit an Problemen in ihrer lokalen und kategorialen Besonderung.

Am Ende ergibt sich: Die Ausdifferenzierung von Problemen hat für die Soziale Arbeit in ihrer historischen Entwicklung die Spannweite ihrer Zuständigkeit bestimmt. Dabei verfügt sie im humandienstlichen Funktionssystem über keine feste Stellung. Jede Krise weist in ihm Sozialer Arbeit neue Plätze zu oder drängt sie an den Rand. Betroffen bleibt sie vom Ergehen einzelner Menschen und benachteiligter und verletzlicher Personengruppen und von der Dynamik der gesellschaftlichen Verhältnisse. In dieser ausgedehnten Betroffenheit versteht sich die Profession *sozial;* die *Arbeit* kommt auf sie zu.

Was Sie aus diesem *essential* mitnehmen können

Die Geschichte lehrt: Soziale Arbeit wird immer wieder neu und breit in Anspruch genommen. Was als das Soziale gegolten hat und als Arbeit an ihm geboten schien, hat die Vielfalt der personen-, situations- und gemeinschaftsbezogenen Betätigung hervorgebracht, die unter Sozialer Arbeit begriffen werden kann.

Literatur

Aly, Götz. 2005. *Hitlers Volksstaat. Raub, Rassenkrieg und nationaler Sozialismus.* Frankfurt a. M.: S. Fischer.

Banks, Sarah. 1999. The social professions and social policy: Proactive or reactive? In *European Journal of Social Work*, 2, 3, 327–333.

Bechtel, Franziska. 2018. *New Harmony. Das Experiment und sein Vermächtnis.* Baden-Baden: Nomos.

Böhnisch, Lothar. 2018. Die *Verteidigung des Sozialen. Ermutigungen für die Soziale Arbeit.* Weinheim: Beltz Juventa.

Bollier, David, und S. Helfrich (eds.). 2015. *Patterns of Commoning.* Amherst, MA: The Commons Strategies Group.

Bourgeois, Léon. 2020. *Solidarität. Von den Grundlagen dauerhaften Friedens.* Berlin: Suhrkamp.

Brown, Michael E. 2014. *The Concept of the Social in Uniting the Humanities and Social Sciences.* Philadelphia: Temple University Press.

Butler, Judith. 1990. *Gender Trouble: Feminism and the Subversion of Identity.* New York: Routledge.

Castoriadis, Cornelius. 1984. *Gesellschaft als imaginäre Institution. Entwurf einer politischen Philosophie.* Frankfurt a. M.: Suhrkamp.

Coit, Stanton. 1891. *Neighbourhood Guilds. An Instrument of Social Reform.* London: Swan Sonnenschein.

Donzelot, Jacques. 1984. *L'invention du social. Essai sur le déclin des passions politiques.* Paris: Fayard.

Enteman, Willard F. 1993. *Managerialism. The Emergence of a New Ideology.* Madison, WI: University of Wisconsin Press.

Esping-Andersen, Gøsta. 1990. *The Three Worlds of Welfare Capitalism.* Princeton, NJ: Princeton University Press.

Euler, Johannes. 2018. Conceptualizing the Commons: Moving Beyond the Goods-based Definition by Introducing the Social Practices of Commoning as Vital Determinant. In *Ecological Economics*, 143, 10–16.

Faßler, Manfred. 2014. *Das Soziale. Entstehung und Zukunft menschlicher Selbstorganisation.* München: Wilhelm Fink.

Felsch, Philipp. 2015. *Der lange Sommer der Theorie. Geschichte einer Revolte 1960–1990.* München: C.H. Beck.

Gérando, Joseph Marie de. 1820. *Le Visiteur du pauvre.* Paris: Jules Renouard.

Habermas, Jürgen, und N. Luhmann. 1971. *Theorie der Gesellschaft oder Sozialtechnologie.* Frankfurt a. M.: Suhrkamp.

Head, Brian W. 1982. The Origins of ‚La science sociale‘ in France 1770–1800. In *Australian Journal of French Studies*, 19, 115–132.

Heilbron, Johan, und L. Magnusson, B. Wittrock (eds.). 1998. *The Rise of the Social Sciences and the Formation of Modernity. Conceptual Change in Context, 1750–1850.* Dordrecht: Springer Science.

Hering, Sabine (Hrsg.). 2007. *Bürgerschaftlichkeit und Professionalität. Wirklichkeit und Zukunftsperspektiven Sozialer Arbeit.* Wiesbaden: VS Verlag für Sozialwissenschaften.

Hills, John, J. Ditch und H. Glennerster (eds.). 1994. *Beveridge and Social Security. An International Retrospective.* Oxford: Clarendon Press.

Hufton, Olwen H. 1974. *The Poor of the Eighteenth-Century France 1750–1789.* Oxford: Clarendon Press.

Im Hof, Ulrich. 1996. Die Helvetische Gesellschaft im Kontext der Sozietätsbewegung des 18. Jahrhunderts. In *Europäische Sozietätsbewegung und demokratische Tradition.* Hrsg. Klaus Garber und H. Wissmann. Tübingen: Niemeyer. S. 1527–1549.

Lancaster, Joseph. 1803. *Improvements in Education, as it Respects the Industrious Classes of the Community.* London: Darton and Harvey.

Latour, Bruno. 2007. *Reassembling the Social. An Introduction to Actor-Network-Theory.* Oxford: Oxford University Press.

Lawätz, Johann Daniel. 1815. *Über die Sorge des Staats für seine Armen und Hülfsbedürftigen.* Altona: J. F. Hammerich.

Lessenich, Stephan. 2008. *Die Neuerfindung des Sozialen. Der Sozialstaat im flexiblen Kapitalismus.* Bielefeld: transcript.

Marcos, Jean-Pierre. 1996. *La société générale du genre humain. Reprise et critique rousseauiste de la réponse de Diderot au "raisonneur violent" dans l'article Droit naturel de L'Encyclopédie.* Les Papiers du Collège international de philosophie, 28.

Miller, Robin. 2019. *Social Work and Integrated Care.* Abingdon: Routledge.

Mintzker, Yair. 2008. "A Word Newly Introduced into Language": The Appearance and Spread of "Social" in French Enlightened Thought, 1745–1765. In: *History of European Ideas*, 34, 4. S. 500–513.

Olson, Richard. 1993. *The Emergence of the Social Sciences, 1642–1792.* New York: Twayne.

Reinalter, Helmut. 2018. *Freimaurerei, Politik und Gesellschaft. Die Wirkungsgeschichte des diskreten Bundes.* Wien: Böhlau.

Richmond, Mary. 1917. *Social Diagnosis.* New York: Russell Sage Foundation.

Richtlinien für die Lehrpläne der Wohlfahrtsschulen. 1930. Hrsg. vom Preußischen Ministerium für Volkswohlfahrt. Berlin: Heymanns.

Scheu, Bringfriede, und O. Autrata. 2018. *Das Soziale. Gegenstand der Sozialen Arbeit.* Wiesbaden: Springer VS.

Stage, Sarah, und V. Vincenti (eds.). 1997. *Rethinking Home Economics. Women and the History of a Profession.* Ithaca, NY: Cornell University Press.

Timmins, Nicholas. 1995. *The Five Giants: A Biography of the Welfare State*. London: HarperCollins.
Wendt, Wolf Rainer. 2018. Geschichte der Sozialwirtschaft. In *Sozialwirtschaft. Handbuch für Wissenschaft und Praxis*. Hrsg. Klaus Grunwald und A. Langer, 67–78. Baden-Baden: Nomos.
Wendt, Wolf Rainer. 2019. *Die Ordnung der Welt in Haus und Staat. Gesellschaftliche Steuerung im westöstlichen Vergleich*. Wiesbaden: Springer VS.

Zum Weiterlesen

Wendt, Wolf Rainer. 2017a. *Geschichte der Sozialen Arbeit 1. Die Gesellschaft vor der sozialen Frage 1750 bis 1900*. 6. Aufl., Wiesbaden: Springer VS.
Wendt, Wolf Rainer. 2017b. *Geschichte der Sozialen Arbeit 2. Die Profession im Wandel ihrer Verhältnisse*. 2. Aufl., Wiesbaden: Springer VS.

Printed in the United States
By Bookmasters